Abenteuer Marathon

Christoph Külzer-Schröder

Abenteuer Marathon

Christoph Külzer-Schröder

AGON
Sportverlag

Für das Herzklopfen
meiner Familie

Inhalt

Einmal einen Marathon laufen, wie viele haben davon schon geträumt?

Einmal dabei sein, den Moment des Triumphes im Ziel erleben zu dürfen, das kann die Krönung eines jeden Läufer-lebens sein.

Aber ist das überhaupt zu schaffen? Muss man nicht Asket sein, um solch ein Vorhaben wagen zu können?

Und muss man nicht trainieren wie ein Profi, um sich an einen Marathonlauf heranwagen zu können?

Auch Christoph hat diesen Traum geträumt. Geträumt bis zu dem Tag, an dem er sich vornahm, das Erträumte zu verwirklichen.

Und Christoph ist ganz sicher kein Asket. Er ist auch kein Profi. Er ist ein ganz normaler Läufer, so wie ‚du und ich'.

So zeigt er, dass jede Läuferin und jeder Läufer dieses Ziel erreichen kann. Und das Schönste ist – man kann sogar Spaß dabei haben.

Endlich ein Buch, das mit vielen Vorurteilen über das Laufen aufräumt.

Völlig losgelöst von wissenschaftlichen Regelwerken zeigt sich der Laufsport hier von der unkomplizierten Seite, die unzählige Menschen auf der ganzen Welt so sehr lieben, sei es im Training oder im Wettkampf.

Begleiten Sie den Autor auf seinem Marathonlauf, und begegnen sie dabei vielen Situationen, die auch Sie aus ihrem eigenen Läuferleben kennen.

Ein Lesevergnügen für alle, die selbst gerne laufen.

Ein Buch aber auch für die vielen Partner, Freunde und Bekannten, die sich immer wieder fragen, warum macht man so etwas eigentlich?

Dies ist das zweite Buch von Christoph Külzer-Schröder. Darin widmet der Autor sich seiner großen sportlichen Leidenschaft - dem Laufen.

1957 in Frankfurt/Main geboren, lebt er mit seiner Familie seit 1992 in Ahnatal-Weimar, einer Gemeinde in der Nähe von Kassel.

Erst dort und im Alter von über 30 Jahren entdeckte er seine Liebe zum Laufsport. Den betreibt er seither mit großer Begeisterung, und so konnte natürlich nicht ausbleiben, dass irgendwann auch die legendären 42,195 Kilometer fällig waren.

Satz: Agon Sportverlag, Martina Backes
Illustrationen: Inka Schröder, Ahnatal
Fotos: Privatarchiv Külzer-Schröder, Ahnatal
Einband: Werkstatt für creative Computeranwendungen Bringmann, Lohfelden
nach einem Entwurf von Inka Schröder
Druck: Druck- und Verlagshaus Thiele & Schwarz, Kassel

Frankfurter Straße 92a
D - 34121 Kassel

ISBN 3-89784-234-3

Startschuss

"Noch drei Minuten bis zum Start!" Laut dröhnt die Stimme des Veranstalters aus dem Lautsprecher.

Noch drei Minuten, dann wird es endlich losgehen. Dann fällt der Startschuss zum Marathonlauf. Auf einmal kann ich es gar nicht richtig glauben, dass ich hier und heute tatsächlich dabei bin.

Um mich herum herrscht plötzlich wieder Aktivität. Überall entsteht ein reges Treiben. Alles bereitet sich auf den Countdown vor.

Viele der Versammelten tragen alte T-Shirts, welche gegen die morgendliche Frische schützen und die den sportlichen Körpern die notwendige Betriebstemperatur bis zum Start bewahren sollen.

Andere benutzen dazu zweckentfremdete Müllsäcke, in die sie für Kopf und Arme Löcher geschnitten haben. Das sieht zwar recht ungewöhnlich aus, aber nicht das Aussehen zählt hier, sondern nur der Nutzen.

All dies wird nun über die Köpfe gezogen und abgelegt.

Viele der Kleidungsstücke fliegen über die Wartenden hinweg und landen auf dem Grünstreifen am Rande des Starterfeldes.

Die gesamte Situation ist bizarr.

Um uns herum hängen noch die Morgennebel in den Büschen.

Eingerahmt wird die Szenerie von den allmäh-lich deutlicher werdenden Silhouetten der hoch aufragenden Stadthäuser, die links und rechts den Startbereich säumen.

Es ist kurz vor zehn Uhr morgens, aber trotzdem noch recht kühl.

Dicht gedrängt im Läuferfeld warte ich gemeinsam mit tausenden Anderen, dass der Startschuss uns von der aufgezwungenen Untätigkeit erlöst.

Die Luft ist geschwängert vom Geruch nach Muskelölen, Aloe und anderen Einreibemittelchen. Hiervon versprechen manche sich eine bessere Durchblutung der Muskulatur, die beim Start dann bereits gewärmt und leistungsfähiger sein soll.

Alle um mich herum haben sich, genau wie ich, lange auf diesen Tag vorbereitet. Auf diesen Tag X, den Tag des Marathons.

Viele versuchen jetzt, als es ernst wird, durch betont lässige Sprüche ihre aufkommende Nervosität zu verbergen.

"Heute laufe ich nur mal so, quasi als Trainingslauf."

(Na, klar!)

"Dieses Mal konnte ich sowieso nicht richtig trainieren, aber mal sehen, was so geht." .

(Selbstverständlich!)

"Ich war pausenlos verletzt, will es langsam wieder anfangen."

(Langsam? Mit einem Marathon?)

Spitzt man die Ohren, so kann man vor fast jeder Laufveranstaltung, sei es ein Volkslauf, Stadtlauf, Marathon oder was auch immer, glauben, man befände sich in einer Gruppe von Invaliden und Rekonvaleszenten.

Soeben dem Krankenbett entstiegen, geschwächt und er-schöpft, gestern noch einen Umzug über mindestens sieben Stockwerke bewältigt, untrainiert, heute rein zufällig hier – fast jeder versucht den Anschein zu vermeiden, er sei in guter Verfassung.

Dabei sind es die Allerwenigsten, die sich nicht sorgfältig und akkurat auf genau diesen Tag vorbereitet haben. Und das ist auch gut so! Schließlich haben wir hier alle heute eine Strecke von 42,195 Kilometern vor uns, das sind Zweiundvierzigtausendeinhundertfünfundneunzig Meter.

Und die wollen wir laufend und dabei möglichst schnell zurücklegen.

Noch 30 Sekunden. Über der Menge kreist ein Hubschrauber. Links und rechts hallt das Geräusch der Rotoren von den hoch aufragenden Häuserfronten zurück.

Das Feld summt wie ein Hornissenschwarm, die Stimme aus dem Lautsprecher ist kaum mehr verständlich.

NOCH
3 MINUTEN
BIS ZUM
START
START

Letzter Check am Handgelenk, die Uhr wird noch einmal kurz auf ihre Funktionen überprüft. Dann ein Blick nach unten. Ist der rechte Schuh vielleicht doch zu fest geschnürt?

Jetzt ist es zu spät, es muss so gehen. Es kribbelt am ganzen Körper, ich will endlich los. Die Sehne des Bogens ist zum Zerreißen gespannt.

Da, noch zehn Sekunden. Es wird heruntergezählt.

"Zehn, neun, acht, sieben" – wir alle zählen mit. Das mindert die Anspannung. Die Hand liegt fest am Startknopf der Uhr. "Drei, zwei, eins, PENG!"

Das war er, der Startschuss. Automatisch setzen meine Beine sich in Bewegung, wollen los – aber zuerst einmal laufen wir alle auf der Stelle.

Natürlich, bei diesen Massen dauert es eine Weile, bis es tatsächlich vorwärts geht.

Zehn Reihen vor mir erkenne ich Bewegung im Läuferfeld. Wie eine Welle wandert die Bewegung nach hinten. Kommt bei mir an, ich reihe mich in die Bewegung ein, es geht nach vorn, es geht los!

Das ging ja richtig schnell heute! Schon höre ich das Piepsen der Champion Chips an den Schuhen derer, die vor mir bereits über den roten Teppich laufen.

Automatische Zeitnahme heißt das Zauberwort. Real time. Jeder Läufer und jede Läuferin hat einen kleinen Chip am Schuh befestigt und wird so exakt an der Startlinie mittels Kontaktschleifen, die unter roten Matten quer über die Straße liegen, elektronisch erfasst. Auf diese Weise kann die genaue Zeit vom Überlaufen der Startlinie bis zum Zieleinlauf berechnet werden.

So, da bin ich. Es piepst und düdelt nun um mich herum. Hoffentlich erfasst das Gerät mich auch richtig. Der Blick auf meine eigene Uhr zeigt 27 Sekunden – da bin ich ja wirklich gut weggekommen.

Nun hat er also offiziell für mich angefangen, mein Marathonlauf. Kurz die Faust geballt, ich will es wissen, ich will es schaffen!

Dann geht es los, hinaus auf die lange Strecke, die vor mir liegt.

Kilometer 1

Losstürmen! Endlich unterwegs auf dem langen Weg bis zum Ziel. Denkste! Bereits nach 50 Metern kommt das Vorhaben schon wieder zum Stillstand. Wir stehen erneut im Stau.

Die Straße ist trotz ihrer Breite schlichtweg überfüllt.

Wieso denn das? Das kann doch nicht wahr sein, warum denn jetzt noch einmal der Stillstand? Es soll doch endlich vorangehen. Ich will Marathon laufen und keine Stehparty veranstalten.

Ganz unruhig werde ich, hatte ich mir doch schon vor dem Lauf meine Strategien genau überlegt, geplant, wann ich wo sein will.

Das alles droht jetzt über den Haufen geworfen zu werden, und das bereits 50 Meter hinter der Startlinie.

Erneut traben wir alle auf der Stelle. Wie beim Wassertreten wippen wir dabei gemeinsam auf und nieder, auf und nieder.

Irgendwie müssen wir gewaltig albern aussehen, geht es mir durch den Kopf. Statt forschen Schrittes über die Straße zu rennen, wackeln wir in der riesigen Gruppe gemeinsam mit Armen, Beinen und Köpfen wie ein Kuriositätenballett..

Dann endlich geht es weiter.

Ich mag gar nicht auf die Uhr schauen, wie viel Zeit bereits jetzt verloren wurde. Außerdem habe ich mir trotz aller Zeitberechnungen und Vorplanungen sowieso wieder einmal vorgenommen, mich nicht zum Sklaven meiner Laufuhr zu machen, immer bestrebt, die vorgenommenen Zwischenzeiten einzuhalten. Aber so ein bisschen will ich ja doch im Plan bleiben.

Ach, was soll es. Einen kurzen Blick wage ich auf meine Uhr.

Da, ich ahnte es schon. Über eine Minute ist vergangen, sinnlos vertrabt. Und auch jetzt ist, trotz des allmählichen Auflösens des Laufstaues, bei weitem noch nicht an ein vernünftiges Vorwärtskommen zu denken.

Ich bin eingeschlossen in einer Herde von Mitstreitern, die alle das gleiche Ziel haben wie ich, möglichst bald dieser Enge zu entrinnen.

Da wir aber bei diesem Bemühen allesamt in die gleiche Richtung streben, ist es gar nicht so leicht, diesen Knoten zu durchschlagen und dem Pulk zu entrinnen. Ein Ausweichen auf den Randstreifen oder den Bürgersteig neben der Straße, um auf diese Weise ein wenig Raum zu gewinnen, ist auch nicht möglich.

Genauso eng aneinander wie auf der Straße die Teilnehmer des Marathons, stehen am Rande der Strecke dichtgedrängt die Zuschauer, die mit ihrem frenetischen Applaus einen unge-heuren Rummel veranstalten.

Jetzt heißt es die Form wahren, Geduld- und Willensstärke zeigen.

So ist es nun einmal bei einem großen Stadtmarathon.

Ich beschließe, mich brav in mein Schicksal zu fügen und auf das baldige Auflösen und Auseinanderziehen des Feldes zu vertrauen.

Schließlich haben wir, meine Lauf- und Trainingsfreunde, die ebenfalls irgendwo hier in der Masse stecken, und ich, uns oft genug gegenseitig versichert, wie dumm und unvernünftig es ist, in einer Situation wie der jetzigen unnötig die Kräfte zu vergeuden.

Trotzdem erwische ich mich immer wieder dabei, wie ich schnell in eine vor mir auftauchende Lücke hineinhusche, um dann genauso schnell wieder abstoppen zu müssen, um die vor mir Laufenden nicht von hinten zu überrennen.

Sidestep nach links, Sidestep nach rechts, schneller Ausfallschritt nach vorne, hopp, hopp, wieder zwei Reihen gutgemacht.

"Christoph, bleib ruhig", ermahne ich mich selbst. "Du wirst heute noch genügend Zeit und Möglichkeit haben, schnell zu laufen".

Und vor allen Dingen will ich natürlich gut über die Distanz kommen. Das ist mein oberstes Ziel. Ich will den Lauf gut durchstehen und auch genießen. Will so durchlaufen können, dass ich nachher bei klarem Verstand ankommen werde.

Ach, Ankommen, daran sollte ich noch gar nicht denken. Ich freue mich zwar schon riesig darauf, aber es liegt noch viel zu viel vor mir, bis es soweit sein wird. Jetzt denke ich erst einmal an den ersten Abschnitt, so bis Kilometer 5.

Zunächst widme ich mich diesen ersten fünf Kilometern. Dann kommen die nächsten fünf dran, und immer so weiter. So müsste ich doch ganz automatisch irgendwann durch sein.

Während ich noch über den Streckenverlauf nachdenke, tauchen bereits links und rechts der Strecke erstmalig die großen Schilder mit der Kilometerangabe darauf auf.

Dieses Mal steht natürlich, wie könnte es auch anders sein, eine dicke 1 darauf.

Der erste Abschnitt wäre somit absolviert.

Urplötzlich durchfährt mich regelrecht ein Schaudern. Ich freue mich unglaublich darüber, hier heute dabei zu sein.

Jetzt heißt es nur noch eines: Durchhalten.

Kilometer 2

Trotz aller guten Vorsätze, die ich mir für diesen Lauf vorgenommen hatte, schaue ich schon wieder auf die Uhr, wie hätte es auch anders sein können. Und natürlich erschrecke ich ob meiner Laufzeit für die ersten tausend Meter. Über 6 Minuten habe ich gebraucht.

Entsetzlich! Um die anvisierte Zwischenzeit von 23 Minuten für die ersten 5 Kilometer zu erreichen, werde ich gewaltig zulegen müssen. Nur, das geht leider nicht. Ich stecke noch immer in der Masse der Mitlaufenden fest.

Wie um diesen Gedanken zu untermauern, stößt just in diesem Moment auch noch der zweite Startblock auf der Laufstrecke dazu.

Eigentlich ist es ja eine gute Idee, das Startfeld in mehrere Blöcke aufzuteilen, die von getrennten Orten aus loslaufen, um erst etwas später zu einem einzigen großen Lauffeld zusammengeführt zu werden.

So wird das Gedränge auf den ersten Metern zumindest ein wenig entzerrt.

Dafür trifft es uns nun aufs Neue.

Schnell versuche ich, noch ein paar Meter zu gewinnen. Dann ist die Strecke endgültig wieder dicht.

Erneut laufen wir eng gedrängt. Neben mir, vor und hinter mir wogt das Feld in genau dem Tempo, das die Menge vorgibt.

Aber dieses gemeinsame Wogen in der Gruppe, es lässt trotz allen Ärgers über das mühsame Vorankommen doch auch die Gemeinsamkeit spüren.

Wir sind eine verschworene Gemeinschaft, die sich heute hier auf den Weg gemacht hat.

Wir alle haben ein gemeinsames Ziel, wir wollen beweisen, dass wir es schaffen können. Dass wir in der Lage sind, die 42 Kilometer zu bewältigen.

Jeder von uns muss das ganz für sich alleine bewerkstelligen. Die Gruppe bildet zwar den Rahmen für das Vorhaben, doch die Füße hat ein jeder selbst zu heben.

Und nachher, irgendwann und noch viele Kilometer und schwere Wegstücke von uns entfernt, dürfen wir dieses unendliche Glücksgefühl erleben, wenn wir über den Zielstrich laufen werden. Hoffentlich!

Wie wird das nur sein, wie werde ich diesen Moment wohl heute erleben? Ich wäre so gerne schon da, aber es geht einfach nicht voran. Es ist zum Verzweifeln. Als würde der Lauf schon auf den ersten zwei Kilometern entschieden, so drängt es mich und die anderen um mich herum unaufhörlich nach vorne. Es bereitet ein regelrechtes Unbehagen, nicht richtig von der Stelle zu kommen.

Einige Unverbesserliche ertragen es nicht. Sie versuchen mit aller Macht, schneller voran zu kommen. Fast schon mit Gewalt scheinen sie sich eine Bresche in die Masse der Laufenden schlagen zu wollen. Sie schieben, stoßen, drängeln und rempeln, bloß um schneller weiter zu kommen.

Wie die Irren versuchen diese Wenigen, ohne auf sich selbst und andere Rücksicht zu nehmen, das Gewühle zu durchdringen.

Böse Kommentare und noch viel bösere Gedanken begleiten dieses unsportliche Tun.

Auch ich kann mir so manches vorstellen, was ich diesen Herrschaften für heute noch wünsche. Seitenstechen ist da das Mindeste.

Glücklicherweise handelt es sich aber nur um einige wenige schwarze Schafe, die sich so rücksichtslos verhalten. Die überwiegende Anzahl der Sportler wartet, im wahrsten Sinne des Wortes, geduldig auf bessere Zeiten.

Kilometer 3

Und diese besseren Zeiten kommen natürlich auch. Allmählich ist zu spüren, dass das Feld sich ein wenig auseinanderzieht.

Die Lücken im Feld werden immer größer. Der Lauf wird flüssiger.

Man braucht sich jetzt nicht mehr ganz so stark auf das Geschehen auf der Straße konzentrieren. Der Blick kann schon mal ein wenig über das Läuferfeld hinausgehen.

Wo sind wir eigentlich hier? Immer noch hoch aufragende Häuserreihen rechts und links der Strecke. In den Fenstern der Häuser stehen Menschen, viele noch im Schlafanzug, wie ich erkennen kann. Nun ja, es ist schließlich Sonntag Morgen, gerade mal kurz nach zehn.

Einige der Zuschauer in den Häusern winken uns zu. Das freut mich sehr, die meinen bestimmt auch mich. Manche der Laufenden winken zurück. Auch ich hebe kurz die Hand zum Gruß.

“Hallo, ihr Zuschauer, guten Morgen. Schaut her, ich bin heute dabei. Ist das nicht verrückt?”

Ja, für verrückt halten uns bestimmt einige von euch. Aber weit gefehlt. Mit geht es gut, ich bin gut drauf, denn ich laufe heute Marathon.

Ich ziehe an, drücke jetzt aufs Tempo. Zumindest ein wenig will ich doch endlich in das ursprünglich vorgesehene Lauftempo kommen.

Doch halt, da fällt mir ein, wir hatten just im dritten Kilometerbereich die erste Stelle für ein Foto vereinbart.

Zudem wollte ich mich bei diesem ersten Treffen gegebenenfalls eines Teiles meiner Laufkleidung entledigen. Immer wieder neige ich zu der Angewohnheit, mich bei Laufveranstaltungen zu warm anzuziehen.

Rechts der Laufstrecke, so erinnere ich mich, da hatten wir den Platz gewählt, um in all dem Gewühle Aussicht auf ein gegenseitiges Erspähen zu haben.

Leider befinde ich mich aber nach dem Zusammentreffen mit dem zweiten Startfeld nunmehr deutlich im linken Bereich der Straße. Soll ich jetzt versuchen, hinüber zu kommen? Mich durchwurschteln, und dabei wieder kostbare Meter verschenken? Eigentlich mag ich das jetzt überhaupt nicht.

Ganz abgesehen davon stehen die Zuschauer noch immer in Massen am Rand. Mindestens in 6 bis 7 Reihen hintereinander säumen sie die Laufstrecke.

Es ist also fraglich, ob Inka überhaupt in der Lage war, sich zu dem geplanten Treffpunkt durchzukämpfen.

Möglicherweise steckt sie genauso in der Menschenmenge fest wie auch ich.

Nein, das riskiere ich nicht! Den Abstecher quer durch das Lauffeld, den lasse ich lieber bleiben.

Ich bin viel zu froh darüber, dass es endlich vorangeht.

Ich bleibe hier auf meiner Seite und versuche lieber, weiter nach vorne als zur Seite zu kommen.

Zudem habe ich vor gar nicht allzu langer Zeit einen großen Pulk von Läufern überholt, die sich, einander angeregt unterhaltend, in breiter Linie über die Straße verteilt hatten.

Wenn ich an denen noch einmal vorbei muss, dann bekomme ich mit Sicherheit einen Anfall.

Das Um- oder Auskleiden hat in jedem Fall auch noch Zeit. Zu warm ist es mir gegenwärtig nämlich noch nicht.

Wenn ich es recht überlege, dann hatte ich noch überhaupt keine Zeit, über Temperaturen nachzudenken. Viel zu sehr war ich bisher damit beschäftigt, meinen Weg durch die Menge und zu meinem Tempo zu finden.

Andererseits, so ein Foto von dem heutigen Marathonlauf möchte ich schon gerne haben. Jetzt sehe ich auch bestimmt noch recht fit aus, wie das später sein wird, das weiß ich ja nicht.

Egal, das Foto muss warten, zu groß ist der Drang, weiter voranzukommen.

Wir haben schließlich noch weitere Treffpunkte vereinbart, und da wird es bestimmt besser passen.

Kilometer 4

Ich hätte es wissen müssen. Diese blödsinnige Lückenhüpferei gleich zu Anfang des Laufes. Warum nur habe ich das getan? Immer wieder veranstalte ich diesen Unfug.

Und dabei hatte ich mir dieses Mal fest vorgenommen, Ruhe zu bewahren. Kein Risiko bei meinem Lauf einzugehen. Und dann mache ich trotzdem solch einen Mist.

Die Quittung hierfür bekomme ich natürlich prompt präsentiert. Der Lauf ist noch keine halbe Stunde alt, und ich fühle mich bereits total kaputt. Schwere Beine, die Füße sind nur noch mühsam zu heben. Mein Atem geht schwer, und ich habe das Gefühl, ich kann keine tausend Meter mehr laufen. Geschweige denn noch 38 Kilometer.

Nur nicht verzweifeln jetzt, diese Situation erlebe ich schließlich nicht zum ersten Mal. Dieses Stadium habe ich schon bei anderen Läufen durchlebt.

Das kann sich wieder geben, das muss noch nicht das Ende sein. Auf gar keinen Fall, aber jetzt gibt es nur eines – die Ungeduld endlich zügeln und ein ruhigeres Tempo finden.

Es gilt, wieder in den richtigen Atemrhythmus zu kommen. Am besten werde ich erst einmal in einer gleichmäßig laufenden Gruppe unterkriechen.

Hierzu verordne ich mir striktes Überholverbot – natürlich mit kleinen Ausnahmen.

Glücklicherweise kommt einem ruhigerem Verlauf meines Laufes nun entgegen, dass die Strecke immer großzügiger und freier um mich herum wird.

Allmählich verteilt sich das Läuferfeld. Die ganz Schnellen sind längst enteilt, und die ganz Langsamen sind mittlerweile hinter mir zurückgeblieben. Warum bloß stellen sich so viele Teilnehmer immer wieder ganz nach vorne in die ersten Reihen des Starterfeldes. Läufer und Läuferinnen, die so weit vorne einfach nicht den richtigen Platz haben, die viel zu langsam sind, und die nach dem Startschuss dann echte Hindernisse auf der Strecke darstellen.

Was ist denen bloß so wichtig daran, zumindest beim Start unter den Ersten zu sein? Es kann doch nicht schön sein, ständig von ungeduldigen Läuferinnen und Läufern von hinten überrannt zu werden. Und in den heutigen Zeiten der exakten Zeitnahme kann es auch keine Rolle mehr spielen, auf diese Art ein paar Minuten zu gewinnen.

Ich fürchte, die Gründe werde ich nicht herausbekommen. Zumindest jetzt nicht.

Jetzt ist für mich etwas ganz anderes wichtig, wieder zu Atem zu kommen.

Die nächsten 10 Minuten werde ich ganz diszipliniert laufen, nehme ich mir fest vor. Ich hoffe, dass ich mich dann auch bald wieder etwas besser fühle.

Plötzlich befällt mich ein beunruhigender Gedanke.

Vielleicht ist der Grund für meine plötzliche Erschöpfung ja gar nicht das unregelmäßige Lauftempo gewesen?

Vielleicht steckt ja auch etwas anderes in mir drin?

Eine aufkommende Erkältung kündigt sich möglicherweise an. Eine Grippe gar? Oder Magenverstimmung, Durchfall, alles Mögliche geht mir auf einmal durch den Kopf.

Bloß das nicht!

Oder war das Abendessen gestern ein wenig zu üppig?

Zugegeben, es war sicherlich nicht den üblichen Marathonlehrbüchern gemäß, was ich mir genehmigt habe. Andererseits bin ich der Meinung, dass eine gute seelische Verfassung mindestens genauso wichtig für das Durchstehen eines Laufes ist wie die körperliche Fitness.

Also gönnte ich mir zur Einstimmung etwas Gutes.

Und etwas richtig Gutes war gestern Abend für mich eine Portion Matjesheringe mit grünen Bohnen und Bratkartoffeln. Das Ganze mit zwei Weizenbier hinuntergespült, ach, einfach herrlich.

Ich sehe es überhaupt nicht ein, mich am Vorabend eines Laufes ausschließlich mit Nudeln vollzustopfen und zu quälen.

Ich denke, dafür sind die letzten Tage vor der Veranstaltung viel wichtiger. Was hier versäumt wurde, kann am letzten Abend auch nicht mehr aufgeholt werden.

Nein, mir muss es schmecken. Ich will mich wohlfühlen und gut gestimmt in den kommenden Tag gehen. Bis jetzt hat dieses Rezept auch immer wunderbar funktioniert. Warum also nicht beim heutigen Marathonlauf? Aber, vielleicht ist die Methode dieses Mal ja doch nicht die richtige gewesen.

Ich hoffe nicht, und ich glaube auch, mein Atem geht schon wieder deutlich ruhiger.

Na, also, dann war es doch die unregelmäßige Laufweise zu Beginn. Bestimmt ist es noch einmal gut gegangen.

Kilometer 5

Jetzt wird es mir doch allmählich warm. Kurz vor halb elf ist es mittlerweile. Die Morgennebel haben sich verflüchtigt, und ab und zu lugt die Sonne ein wenig durch die Wolkendecke. Diese kurzen Momente lassen erahnen, wie warm es heute noch werden könnte.

Noch immer steckt mir der Erschöpfungsanfall in den Knochen. Das hat mich gewaltig erschreckt. Vielleicht bin ich ja auch schlichtweg zu warm angezogen, und dies war ein Grund mehr für meine urplötzliche Schlappheit.

Weiteren Erschöpfungszuständen in der Anfangsphase dieses Marathonlaufes möchte ich unbedingt zuvorkommen. Eine zu starke Wärmeentwicklung und Überhitzung meiner Betriebstemperatur muss verhindert werden.

Es bleibt nichts anderes übrig, als eine kurze, artistische Übung einzulegen. Ich will einen Teil meiner Kleidung loswerden, genauer gesagt, werde ich das dicke T-Shirt, das ich noch über das eigentliche Laufhemd gezogen habe, ausziehen.

Das ist ja eigentlich nichts Besonderes, oder?

Zuerst wird der linke Arm nach unten aus dem Ärmel des Shirts herausgezogen. Dann folgt nach dem gleichen Prinzip der rechte Arm.

Nun könnte ich zwar recht einfach das Ganze über den Kopf ziehen, aber unglücklicherweise bin ich Brillenträger. Bei den mir eigenen Dioptrienstärken bin ich auf die Sehhilfe auf meiner Nase unbedingt angewiesen. Dies kompliziert den Vorgang natürlich erheblich.

Ich muss zuerst die Brille entfernen, dann schnellstmöglich mit der anderen Hand das Hemd über den Kopf ziehen und darauf, ohne mich zu verheddern, das gute Stück in kürzester Zeit wieder auf meiner Nase platzieren.

All das ist, im Stand verrichtet, eine durchaus gewöhnliche und nicht weiter erwähnenswerte Handlung.

Inmitten eines dichten Läuferfeldes allerdings und bei unvermindertem Lauftempo braucht der Vorgang dann doch etwas Übung und Geschick, zumal noch immer urplötzlich langsam Laufende vor mir auftauchen. Auf die könnte ich im entscheidenden und sehbehinderten Moment leicht auflaufen. Wenn die Brille dabei auf den Boden fiele oder auf andere Weise kaputtginge, dann wäre es das für heute gewesen. Wie ein Maulwurf würde ich hilflos durch die Straßenschluchten irren, nicht mehr in der Lage, den rechten Weg zum ersehnten Ziel zu finden.

Aber souverän wird die Situation gemeistert. Das überflüssige Hemd binde ich um die Hüfte, und weiter geht es auf die 5-Kilometer-Marke zu. Ein wenig aus meinem Rhythmus hat mich die ganze Aktion allerdings doch gebracht.

Na, egal, ich fühle mich deutlich wohler als zuvor und kann förmlich spüren, wie der leichte Wind meine Haut nun abkühlt.

Der erste Schrecken ist hiermit hoffentlich überstanden, jetzt muss es besser werden.

Aber das kenne ich. Diese müden Zustände zu Beginn einer Laufeinheit sind mir nicht ganz fremd. Auch im Training ist es häufig so. In den ersten Minuten, da glaube ich, keine zehn Minuten mehr laufen zu können. Müde, die Beine bleiern, und erschöpft schon beim Loslaufen. Gerade nach einem harten Arbeitstag ist das oft der Fall. Aber nach fünfzehn oder zwanzig Minuten, da beginnt auf einmal die Verwandlung.

Körper und Geist atmen tief durch, spüren das Belebende der Bewegung und der frischen Luft. Dann beginnt die Regenerationsphase.

Immer munterer werde ich, und wenn es nach einer halben oder dreiviertel Stunde nach Hause zurückgeht, dann bin ich erholt, befreit und voller neuem Tatendrang.

Auf diese Phase warte ich jetzt, auf dieses Abschütteln der Startmüdigkeit. Im Moment spüre ich zwar noch nichts vom Erwachen meiner Kräfte, aber das wird sich hoffentlich bald ändern. Und dann geht es so richtig los!

Kilometer 6

Die ersten fünf Kilometer sind geschafft. Die Zeit, die für diese ersten fünf Kilometer benötigt wird, ist immer recht spannend, da sie eine erste aussagekräftige Möglichkeit zur Überprüfung des bisher gelaufenen Tempos darstellt.

Automatisch geht auch dieses Mal die rechte Hand an den Knopf meiner Laufuhr. Abspeichern der Zwischenzeit ist angesagt. Ein kurzer Blick auf die Uhr zeigt 26 Minuten und 23 Sekunden an.

Na ja, das liegt um einiges über dem, was ich mir vorgenommen hatte. Nach den Stauproblemen gleich nach dem Start war das allerdings zu erwarten. Es lohnt nicht, jetzt viele Gedanken an die Zeit zu verschwenden, denn schon geht es zum ersten Mal für heute an die Tränke.

Gleich kurz hinter der 5-Kilometer-Markierung tauchen links und rechts der Strecke die ersten Tische mit Verpflegung auf. Frühzeitig halte ich mich rechts.

Komisch, aber ich habe das Gefühl, die Mehrzahl der Läufer orientiert sich nach der linken Seite. Dort scheint es mir immer ein wenig voller zu sein als rechts. Und nicht wenige sind es, die bei dieser ersten Verpflegungsstelle überhaupt noch nicht daran denken, schon Flüssigkeit zu sich zu nehmen.

Ohne mich. Strikt halte ich mich an die Regel, konsequent jeden Verpflegungspunkt zu nutzen. Das kostet zwar jedesmal ein paar Sekunden, aber ich denke, die sind eine gute Investition.

Gar nicht erst Durst bekommen – wie oft habe ich diesen Satz schon gelesen oder gehört. Also halte ich es auch so. Rechts ran und einen Becher geschnappt, ruckzuck einen Schluck Wasser hineingeschüttet, und schon geht es weiter.

Irgendwie schmeckt es allerdings befremdlich, dieses stille Wässerchen. Lieber ist mir Tee, aber den gibt es wohl erst später. Na ja, solange ich keinen Spontandurchfall bekomme, kann ich auch mit diesem Wasser leben.

Noch den Gedanken an das Getränk von eben im Kopf, bin ich bereits wieder unterwegs. Das nächste Etappenziel liegt jetzt bei Kilometer 10. Es ist erstaunlich, nun habe ich einen ersten Abschnitt des Laufes bereits absolviert.

So richtig bewusst habe ich allerdings, im Nachhinein betrachtet, diese ersten fünf Kilometer gar nicht wahrgenommen.

Seltsamerweise kommt man auf eben diesen ersten Kilometern überhaupt nicht dazu, an irgend etwas zu denken.

Zu sehr ist man beschäftigt mit all den Turbulenzen um einen herum.

Zudem beschäftigen mich in der Anfangsphase meistens auch noch verschiedenste Gedankenfetzen, die mir durch den Kopf gehen:

"Laufe ich im richtigen Tempo?"

"Wie komme ich nur aus dem Pulk heraus?"

"Bin ich auch nicht zu warm angezogen?"

"Sind meine Schuhe richtig geschnürt? Locker und zugleich fest genug?"

All dies bewegt und beschäftigt mich unentwegt. Das geht so, bis sich irgendwann der endlose Trott einzustellen beginnt.

Dann allerdings, wenn der lange Trail erst einmal begonnen hat, dann fangen die Gedanken an, sich zu befreien, zu lösen und zu schweifen.

Und dann haben sie dafür auch reichlich Zeit.

Kilometer 7

Nun läuft es allmählich rund, wie man so schön sagt. Die Strecke ist mittlerweile erheblich freier und besser zu belaufen.

Der anfangs dichte Pulk der Laufenden hat sich ziemlich auseinander gezogen. Dadurch muss ich nicht mehr ganz so aufmerksam sein, um Hindernissen auf der Strecke auszuweichen.

Genauso wie es sich auf der Straße aufklärt, wird es auch in meinem Kopf freier und die Anspannungen lösen sich langsam.

Die ersten Turbulenzen sind dem stetigen Einerlei des Laufrhythmus gewichen.

Noch einmal kommt mir der Erschöpfungsanfall von vorhin in den Sinn. Das hatte ich in dieser Form so nicht erwartet.

Dabei bin ich meiner Ansicht nach noch nicht einmal gar zu unvernünftig losgestürmt. Ich bin bei früheren Läufen schon ganz anders losgetobt, nur den Gedanken an exakt eingehaltene Zwischenzeiten und neue Bestzeiten im Kopf.

Heute konnte ich mich, angesichts der Länge der vor mir liegenden Strecke, immer wieder bremsen. Warum nur war ich trotzdem urplötzlich derartig fertig? Sollte ich dieses Mal das Training in der Vorbereitungszeit zu lässig angegangen sein?

Zugegeben, ich habe wirklich nicht so sehr viel gemacht. Zumindest nicht soviel wie bei früheren Läufen.

Wenn ich da nur an meinen allerersten Marathonlauf denke.

Was haben wir uns damals geschunden. Was haben wir Trainingspläne studiert, und peinlich genau darauf geachtet, bloß keinen Kilometer in der Vorbereitungsphase zu wenig zu laufen. Bis zu 6 Mal die Woche waren wir unterwegs.

Unterschiedlichste Trainingsformen, immer haarklein gemäß den diversen Lehrbüchern zum Thema "Marathon laufen".

10-Kilometer-Läufe im mittleren Renntempo, für die Kontinuität des Laufes.

Steigerungsläufe, bei denen die Geschwindigkeit bis zum Sprint hin hochgefahren wurde.

Tempoeinheiten und Fahrtspiele, so hießen die magischen Worte, mit denen wir uns die nötige Härte zum Durchziehen des gewünschten Tempos antrainieren wollten.

Langsame Dauerläufe dann an den darauffolgenden Tagen, zur Regeneration des Körpers und der Muskulatur.

Und immer wieder an den Wochenenden die langen, langsamen Vorbereitungsläufe über 30 Kilometer und mehr. Es war es schon eine rechte Quälerei.

Zu guter Letzt schaute auch die Familie bisweilen skeptisch und fragend. Denn kaum hatte ich meine Laufschuhe ausgezogen, dachte ich schon wieder an die nächste Trainingseinheit und verplante den folgenden Tag.

Meine vorsichtigen Hinweise, dass der Aufwand doch gar nicht so groß sei, und die Lauferei erwiesenermaßen eine Sportart mit minimalem Zeit- und Materialeinsatz, glaubte außer mir irgendwann keiner mehr so recht.

Zumal dann, wenn das Training für mich beendet war, ein anderes Mitglied unserer Familie in einen ganz speziellen Genuss meiner Marathonvorbereitungen kam und sich um die durchgeschwitzten Klamotten kümmern durfte.

Nein, das konnte auf Dauer, zumindest für mich, nicht der richtige Weg sein.

Deshalb war ich es dieses Mal bewusst ruhiger angegangen. Hatte darauf vertraut, aus der Substanz schöpfen könnte, so dass mir bei vernünftiger Renneinteilung vier bis fünf Trainingseinheiten pro Woche und zwei lange Vorbereitungsläufe reichen müssten.

Nun, ich bin mal gespannt, ob meine Hoffnungen sich erfüllen werden. Momentan läuft es ja wieder gut. Weg also mit den zweiflerischen Gedanken, die kosten nur unnötige Energie, und Energie werde ich am heutigen Tag mit Sicherheit noch reichlich nötig haben.

Kilometer 8

Ich habe es ja geahnt, vorhin, kurz bevor der Startschuss fiel. Ich hätte noch einmal nach meinem rechten Schuh schauen sollen. Irgendetwas stimmt da unten nicht, das ist deutlich zu spüren. Vielleicht ist der Schuh doch zu fest gebunden? Allerdings, das fühlt sich irgendwie anders an.

Ja, irgend etwas drückt im Schuh. Der Socken muss verrutscht sein.

Das hat mir jetzt gerade noch gefehlt. Es fühlt sich an, als habe sich eine dicke Falte quer unter mein Fußbett gelegt. Was soll ich bloß tun?

Jetzt habe ich gerade vor kurzem erst meine warmen Klamotten ausgezogen, habe einen ersten Zwischenstopp zum Trinken eingelegt, und da will mich, wo ich endlich wieder in meinen Rhythmus komme, dieser verflixte Strumpf aus dem Tritt bringen?

Keinesfalls. Ich werde jetzt nicht anhalten. Ganz abgesehen davon, dass ich nicht will, wäre es in diesem Streckenabschnitt auch schier unmöglich, stehen zu bleiben. Die bis vor kurzem noch komfortable Breite der Strasse hat sich drastisch verringert. Und nicht nur auf der Strecke ist es wieder enger, auch die Zuschauer stehen dicht an dicht und veranstalten ein Höllenspektakel.

Es ist ein rechter Hexenkessel, in dem wir uns zur Zeit befinden.

Klatschen, Schreien, Trommeln und Tröten bilden den musikalischen Hintergrund für die Szenerie, die wir eben durchlaufen. Wenn ich hier stehen bliebe, ich glaube, man würde mir die Trommelfelle zum Bersten bringen, nur um mich zum Weiterlaufen zu animieren.

Es muss doch auch anders gehen mit der blöden Socke. Ich wehre mich gegen die Störung, fange an, während des Laufens mit den Zehen im Schuh zu wirken. Es muss doch irgendwie zu schaffen sein, diesen elenden Strumpf wieder glatt zu bekommen. Während ich emsig im Schuh am Arbeiten bin, beginnt sich in meinem Hinterkopf allmählich ein warnender Gedanke zu bilden:

“Wenn du so weitermachst, könnte das eine Blase geben.”

Nein! Nur das nicht, nicht schon jetzt. Mit Blasen an den Fü߀en bin ich zwar schon gelaufen, aber noch niemals über eine Strecke von mehr als 30 Kilometern. Ich versuche erst gar nicht, mir das Ergebnis vorzustellen.

Das Arbeiten meiner rechten Zehen, des ganzen Fußes eigentlich, wird immer emsiger und rühriger.

Im gleichen Maß wird mein Laufstil unrunder. Das hat so keinen Sinn. Ich setzte mir ein Ziel. Wenn der Wulst unter meinem Fuß nicht binnen 5 Minuten verschwunden ist, dann halte ich an, um die Sache zu richten.

Da! Das nächste Kilometerschild taucht schon wieder auf. Da kannst du mal sehen, wozu so eine doofe Socke gut ist. Die Zeit vergeht fast unbemerkt.

Na denn, noch 33 Mal mit einer Faltenbildung beschäftigen, und schon wäre ich im Ziel.

Kilometer 9

Nun habe ich doch kurz angehalten, um die Socke im Schuh wieder gerade zu ziehen. Es ist wirklich erstaunlich, wie schwer es mir fällt, den Lauf zu unterbrechen.

Eine wirkliche rationale Erklärung gibt es dafür eigentlich nicht. Es liegt ja vollkommen auf der Hand, dass es bei fortgesetztem Laufen mit einer Falte oder Druckstelle im Schuh irgendwann zu Problemen kommen wird, die dann in Form einer Blase ein ernsthaftes Hindernis für die Fortsetzung eines Marathonlaufes sein würden.

Es wäre also völlig natürlich, sofort anzuhalten und die Angelegenheit zu richten. Aber nein, unverdrossen wird weitergelaufen, wird mit den Zehen gearbeitet und alles mögliche unternommen, um eine, wirklich nur Sekunden dauernde, Unterbrechung des Laufes zu vermeiden.

Warum nur?

Nicht selten ist es ja sogar bei einem ganz normalen Trainingslauf so. Wenn sich in dessen Verlauf ein Steinchen in den Schuh verirrt, so wird erst einmal versucht, diesen Stein im Schuh zu ignorieren oder zu eliminieren.

Das kann natürlich überhaupt nicht funktionieren. Wenn der Stein einmal im Schuh ist, dann bleibt er auch drin. Da kannst du Zehenakrobatik noch und nöcher veranstalten.

Bestenfalls rutscht durch die Verrenkungen des Fußes der Stein für kurze Zeit irgendwo in die Wölbung in der Fußsohle, wo ich ihn dann als nicht mehr ganz so störend wie vorher empfinde.

Aber der Stein kommt zurück. Garantiert. Und über kurz oder lang muss ich mich entscheiden, eine Blase zu riskieren oder doch endlich anzuhalten, um das störende Steinchen herauszuholen.

Warum denn dann nicht gleich? Was würde ich einem Außenstehenden sagen, der mich fragt, warum ich nicht einfach gleich anhalte? Wenn ich ihm zum Beispiel heute bei einer Gesamtstrecke von mehr als 42 Kilometern, für die ich insgesamt über drei Stunden benötigen werde, zur Antwort geben würde, dass ich keine Zeit verlieren möchte, dann erklärte der mich hundertprozentig für verrückt.

Und das auch völlig zu Recht. Diese fünf, vielleicht zehn Sekunden, das überzeugt nicht einmal mich selbst.

Vielleicht ist es eine Erklärung, dass ich beim Laufen oftmals meine Umwelt irgendwie ausklammern will, für mich ganz allein sein möchte. Nur so kann ich ein wenig Abstand von allem gewinnen.

Dann einem Stein im Schuh oder einer verrutschten Socke zuliebe diesen Rhythmus zu unterbrechen, diese Einheit des Laufes und meiner Gedanken zu stören, das will ich einfach nicht. Denn wenn die Stetigkeit des Laufes einmal unterbrochen wurde, dann nimmt es womöglich kein Ende mehr mit den Störungen.

Denn wenn ich den Stein herausgeholt habe, dann binde ich womöglich als nächstes den rechten Schuh fester, dann den Linken, anschließend halte ich an und putze meine Brillengläser, die Pinkelpause ist sowieso obligatorisch – irgendetwas wird es immer geben.

Ich will aber einfach nur laufen. In Ruhe und ungestört von allem um mich herum.

Vielleicht ist das tatsächlich der Grund, warum ich mich immer wieder so verhalte. Oder?

Irgendwo, ganz weit hinten in meinem Kopf, wispert doch auf einmal eine Stimme und raunt mir zu:

"Sei mal ganz ehrlich zu dir selbst. In Wirklichkeit geht es ja doch nur um die Zeit. Und davon willst du nichts freiwillig hergeben, nicht einmal drei Sekunden, es könnten ja die entscheidenden sein."

Sei es, wie es ist, fürs Erste habe ich jetzt jedenfalls die Schuhsituation bereinigt. Einer guten Figur steht somit, zumindest im Moment, nichts im Wege. Und eine gute Figur will ich jetzt auch machen, denn gegen Ende des neunten Kilometers müsste eigentlich Inka, die mich heute begleitet hat, wieder am Straßenrand stehen.

Nachdem wir uns beim ersten geplanten Treffen verfehlt haben, wünsche ich mir, dass es dieses Mal besser klappt. Außerdem möchte ich zu gerne das Hemd loswerden, das ich immer noch mit mir herumtrage.

Die Zuschauerdichte am Rande der Laufstrecke ist zur Zeit auch deutlich geringer, so dass ich ein gutes Stück der Wegstrecke entlang nach vorne schauen kann.

Es dauert auch gar nicht lange, da entdecke ich die vertraute Gestalt. Ach, ist das schön, ich freue mich richtig, sie jetzt zu treffen. Von weitem schon winke ich und mache auf mich aufmerksam.

Inka hat mich ebenfalls entdeckt, winkt zurück und hebt dann den Fotoapparat, um mich im Näherkommen zu fotografieren.

Na also, da ist es ja, das neue Erinnerungsfoto.

Dann bin ich da.

"Na, wie läuft's?"

"Super!" Viel mehr sprechen kann ich jetzt nicht, ich bin unterwegs und in Eile.

Ein kurzer Blickkontakt noch, das Hemd lasse ich da, dann geht es weiter.

Eine Weile noch hallen mir die aufmunternden Zurufe in den Ohren nach, die mich jetzt auf dem Weg begleiten. Ich freue mich schon auf unser nächstes Treffen, aber das wird wohl noch eine Weile dauern.

... unbedingt mal wieder ein neues Foto.

Kilometer 10

Das Kilometerschild mit der 9 habe ich soeben passiert. Nun bin ich schon im Anflug auf die erste echte Zeitmarke.

Was wird bei Kilometer 10 wohl auf der Uhr stehen? Ich hatte mir bei meinen Planungen so ungefähr 46 bis 47 Minuten gewünscht. Diese Rechnung könnte sogar aufgehen, stelle ich beim Blick auf die Uhr fest.

Da habe ich doch so einiges an Zeit wieder gutgemacht, die ich am Anfang verloren zu haben glaubte.

Eigentlich wird bei solch einem Laufwettkampf pausenlos gerechnet. Warum bloß? Ich frage mich das immer wieder, aber bisher konnte mir noch niemand eine befriedigende Antwort geben.

Im Allgemeinen beende ich das Thema für mich mit der Erkenntnis: Eigentlich ist die Zeit doch gar nicht so wichtig. Allerdings ist bei dieser Betrachtungsweise die Theorie zwar eine lobenswerte Überlegung, hat aber mit der Praxis recht wenig zu tun.

Denn sobald der Startschuss gefallen ist, vergesse ich das alles mit schöner Regelmäßigkeit und finde die gelaufene Zeit dann zumindest so wichtig, dass ich mich ausgiebig und immer wieder damit beschäftige.

Ich bin wie ein kleiner Computer, der immerzu mit Hochrechnungen beschäftigt ist. Ständig wird die gelaufene Zeit in Relation zur zurückgelegten Strecke gesetzt, um so die voraussichtliche Endzeit zu ermitteln.

Zwischenzeitlich muss das Ergebnis natürlich immer wieder überprüft werden. Zufallsfaktoren wie eine Pinkelpause oder ein außerplanmäßiger Zwischenstopp werden ebenso in das Zahlenwerk eingebaut wie ein möglicher Schwächeanfall.

Und von vielen anderen weiß ich, dass es ihnen ganz genauso geht. Immerzu wird überprüft und berechnet, ob denn die Richtgeschwindigkeit noch eingehalten wird.

Wer genau hinschaut, der entdeckt, dass auf manch einer Läuferhand rätselhaft anmutende Zahlenkolonnen notiert sind.

Das ist nicht etwa die Telefonnummer der engsten Verwandten, die beim Tribut an ein zu schnelles Lauftempo im Notfall zu erreichen wären. Nein, das sind die vorgeplanten Richtwerte für die einzelnen Streckenabschnitte.

Aber warum nur ist die Zeit immer wieder so bedeutsam für uns Sportler? Ich kann es mir einfach nicht erklären.

Dass die Zeit bei den Spitzensportlern eine enorme Rolle spielt, das ist ja klar. Die können sich noch nicht einmal im Training davon freimachen.

Ich muss da immer wieder an die Geschichte denken, die ich vor Jahren in einer Laufzeitung gelesen habe. Da war im Rahmen eines Trainingslagers eine Gruppe solcher Spitzen-athleten gemeinsam laufend im Wald unterwegs.

Auf einmal raste ein Wildschwein auf dieses Gruppe zu. Die letzte Rettung war, gemeinschaftlich mit einem großen Satz in den Graben neben dem Weg zu hüpfen. Das wilde Schwein verschwand, und man rappelte sich allmählich wieder auf.

Natürlich wurde das Ereignis ausgiebig gesprochen, und dann sollte es mit dem Laufen weitergehen. Groß war das Gelächter, als sämtliche Läufer feststellten, dass jeder beim Unterbrechen des Trainings und Sprung in die Sicherheit ganz automatisch und unbewusst den Stopp-Knopf auf der Laufuhr gedrückt hatte.

Allerdings, jetzt einmal ganz ehrlich. Können wir sogenannten Freizeitsportler uns überhaupt selbst davon freisprechen, auch im Training Sklave unserer Uhren zu sein? Hand aufs Herz, wer von uns hat nicht irgendwo auf der Lieblingsstrecke eine Marke gesetzt, einen Baum, einen Strauch, eine Weggabelung oder irgendetwas in dieser Art? Und immer, wenn er diesen Punkt passiert, dann schielt er ja doch auf die Uhr und stellt fest:

Heute bin ich aber gut drauf! Oder auch das Gegenteil.

Dieser enorme Stellenwert der Zeiten, die stellvertretend für die erbrachte Leistung stehen, muss wohl etwas mit Urinstinkten zu tun haben. Mit dem Ehrgeiz, dem Reiz, immer wieder neue Bestmarken zu setzen. Sich selbst und den anderen die eigene Leistungsfähigkeit zu beweisen und immer wieder zu überbieten.

Was hat denn der moderne Mensch auch sonst noch an Herausforderungen zu meistern? Wenig genug. Zumindest an echten Herausforderungen, solchen, die uns die Natur stellt. Hiervon bleiben wir, die wir in der modernen Zivilisation leben, doch weitgehend verschont.

Also müssen wir uns solche Herausforderungen suchen. Und das schaffen wir zum Beispiel mit der läuferischen Bewältigung der Marathondistanz.

Beim ersten Mal ist es noch die Herausforderung, überhaupt die Strecke zu bewältigen. Wenn das einmal geleistet ist, dann muss es irgendwie weitergehen.

Das können dann Landschaftsläufe werden, die mit heftigen Steigungen aufwarten. Oder es werden Veranstaltungen mit Strecken ausgewählt, die über immer länger werdende Distanzen gehen, über 44, 50 oder noch mehr Kilometer. Oder die Zeit muss verbessert werden.

Dennoch, ich denke, es ist wichtig, diesen Steigerungstrieb irgendwann zügeln zu können. Was soll sonst später werden, wenn der Körper schlichtweg nicht mehr schneller oder weiter laufen kann, sondern durch das Alter bedingt ganz einfach weniger leistungsfähig wird.

Auch dann möchte ich noch Freude am Laufen haben können. Auch dann will ich noch mit mir zufrieden sein, unabhängig von gelaufener Zeit oder Streckenlänge.

Hier wird sicherlich ein Umdenken stattfinden müssen. Sehr schnell wird sonst die Freude und Begeisterung in Frustration umschlagen.

Und es sind nicht wenige, die aus diesem Grund von heute auf morgen aus der Laufszene verschwunden sind, wenn trotz harten Trainings die alten Spitzenwerte nicht mehr erreicht werden konnten. Das soll mir nicht passieren.

Dann lieber ein paar Minuten länger benötigen, aber mit einem guten Gefühl das Ziel erreichen. Und das noch möglichst lange. Am besten bis in die Jahrgangsklasse M 100 hinein.

Mit 100 Jahren noch Marathon laufen können, ja, das ist wirklich ein lohnenswertes Ziel.

Was unbestritten ein Vorteil der ganzen Rechnerei ist – die Zeit vergeht dabei. Das merke ich soeben wieder einmal. Denn ein allmählich näher kommendes Piepen und Zwitschern kündigt die erste offizielle Zeitnahmestelle an. Ein kleines Stück voraus liegen die Zeitschleifen und warten auf mich und meinen Chip. Die ersten zehn Kilometer sind gleich um.

Kilometer 11

Und da sind sie auch schon, quer über die Straße gebreitet, damit auch niemand daran vorbeiläuft, die roten Matten für die Registrierung der Zwischenzeit nach zehn Kilometern.

Die erste automatische Handlung ist, ganz klar, der kurze Druck auf die Uhr zur Abspeicherung der bisher benötigten Zeit.

Dann der zweite Akt, ebenso klar, der kurze Blick anschließend, um zu sehen, wie ich liege. 48 Minuten, 55 Sekunden und 98 Hundertstelsekunden. Super. Genau wie ich es mir vorgestellt hatte. Ich habe fast das erste Viertel hinter mir, fühle mich sehr gut und laufe exakt so, wie ich es für heute geplant hatte.

Jetzt gibt es auch wieder etwas zu trinken, und dieses Mal ist zum Glück Tee dabei. Nur der Rummel rund um die Verpflegungstische, der ist wieder schlichtweg fürchterlich.

Wie im Sommerschlussverkauf komme ich mir vor, nur geht es hier am Wühltisch um Flüssigkeit und nicht um Unterhosen, fünf Stück für zehn Mark.

Da hilft nur eines, schnellstmöglich einen Becher gegriffen und dann nichts wie weg. Das Trinken kann ich genauso gut unterwegs erledigen. So entgehe ich dem Gedrängel und brauche meinen Laufrhythmus nicht zu unterbrechen.

Noch ein Schluck, und dann weg mit dem Becher!

Oh, Verzeihung, da hätte ich doch fast einer Läuferin, die von hinten angestürmt kommt, den Becher mit dem letzten Rest Tee genau in die Laufbahn geschmissen. Sie besitzt zum Glück Humor, eine kurze Geste des Grußes, dann saust sie weiter. Wo kommt die bloß her? Und warum saust die so?

Lauffreunde ... kann ich gerade noch auf der Rückseite ihres Shirts entziffern, dann ist sie meinen Blicken schon enteilt.

Wieso ist die so schnell? Will die dieses Tempo durchhalten? Na, da bin ich aber mal gespannt. Ich kann mir gut vorstellen, dass sie irgendwann auch noch langsamer wird, und wir uns später auf der Laufstrecke noch einmal begegnen werden.

Andererseits, vielleicht hat sie es ja wirklich so drauf!

Ich kann mich noch bestens daran erinnern. Es war bei einem meiner ersten Volksläufe, einem über 10 Kilometer. Wir befanden uns fast schon im Anflug auf das Ziel, kurz hinter Kilometer neun. Ich, total platt und fix und fertig, schleppte mich über die letzten tausend Meter.

Irgendwie ankommen, das war das Einzige, was mich zu diesem Zeitpunkt noch interessierte. Da kamen doch tatsächlich drei Frauen von hinten her ganz ruhig und gleichmäßig angelaufen.

Ich hörte ihre Stimmen allmählich näherkommen. Sich lautstark und angeregt unterhaltend, trabten die drei scheinbar mühelos und locker an mir vorbei.

Mindestens zehn Jahre älter als ich war jede von ihnen. Ich konnte, wollte es einfach nicht glauben, aber es war tatsächlich so.

Seit diesem Erlebnis hüte ich mich davor, andere Läufer oder Läuferinnen zu unterschätzen. Vielen sieht man überhaupt nicht an, was sie leisten können.

Hut ab, kann ich da nur sagen. Ich werde mich jetzt jedenfalls auf kein Privatrennen mit der schnellen Dame einlassen, sondern bleibe schön bei meinem Tempo.

Kilometer 12

Das Gleiten hat begonnen. Der Abschnitt der Strecke ist erreicht, in dem das Laufen seine eigentliche Bedeutung entfalten kann, entspannt und entspannend.

Die Anfangsturbulenzen sind vorbei. Die körpereigene Maschine ist warm, alles läuft rund.

Dieses Stück zwischen Kilometer 10 und 20, das muss man einfach genießen. Jetzt ist der Punkt erreicht, wie man sich einen Marathonlauf idealerweise vorstellt.

Ohne spürbaren Kraftaufwand laufe ich gleichmäßig meinen Schnitt. Ich habe genügend Muße und auch ausreichend Energie, die Umgebung wach und bewusst aufzunehmen.

Ich beobachte die Menschen am Straßenrand, mache mir meine Gedanken zu ihnen. Wer sind sie, und warum sind sie hier, heute, am Sonntagmorgen? Ist es Neugierde, Interesse, oder haben sie jemand Bekanntes in der Läuferschar?

Genauso interessiert wie die Umgebung beobachte ich mich selbst, spüre meinen Körper und wie er in Bewegung ist.

Ich nehme eine Fülle erfrischender und positiver Gedanken wahr, die mich durchströmen. An Müdigkeit ist nicht zu denken.

Sämtliche Gedanken an die noch kommende Kraftaufwendung werden im Kopf ganz weit nach hinten geschoben. Das wird später von alleine kommen, jetzt genieße ich einfach.

Ein bisschen erinnert dieser Streckenabschnitt mich immer an einen Kurzurlaub, den ich vor längerer Zeit einmal machte. In einem Waldstück war dort der sogenannte 'Philosophenweg' ausgeschildert.

Wunderbar ließ es sich dort spazieren gehen. Ohne anstrengende Steigungen und auf ein überschaubares Stück Strecke beschränkt, konnte man dort tatsächlich beim Spazieren gehen ein wenig ins Philosophieren gelangen und die Gedanken schweifen lassen.

Genauso ist es jetzt hier. Gleichsam als Begleitmusik zum Trommeln der Füße auf dem Asphalt nehme ich die Geräusche und Eindrücke am Straßenrand und im Feld um mich wahr, während die Gedanken sich mit diesem und jenem beschäftigen. Manchmal sogar mit dem Laufen.

Warum läuft man eigentlich? Wieso laufe ich eigentlich?

Es muss doch irgendwelche Gründe dafür geben, dass eine immer größer werdende Zahl von Menschen die Begeisterung für dieses schweißtreibende Hobby teilt.

Ist es denn überhaupt ein Hobby, oder ist es nicht eigentlich mehr? Es scheint mir, es dürfte wohl mehr dahinterstecken, als nur die Bestrebung, dieselbe Entfernung in immer kürzer werdender Zeit zu durcheilen. Oder sollte das der Hauptgrund sein, das entscheidende Motiv? Nein, ich glaube nicht.

Wohl jeder, der irgendwann mit der Lauferei beginnt, tut es vermutlich zuerst nur aus dem Bestreben heraus, sich und seinem Körper etwas Gutes zu tun. An gelaufene Bestzeiten und Höchstgeschwindigkeiten wird anfangs noch nicht gedacht.

Man ist einfach glücklich, den inneren Schweinehund immer wieder zu besiegen und am Abend oder Morgen ein wenig Sport getrieben zu haben. Man freut sich zu spüren, wie der eigene Körper allmählich an Fitness gewinnt, leistungsfähiger wird. Die Anstrengung nimmt ab, und in gleichem Maß steigt die Erholung und Entspannung, die durch das Laufen erzielt wird.

Gedanken an Wettkämpfe, an Bestzeiten, die kommen erst später. Irgendwoher tauchen sie auf einmal auf und nehmen dann mehr und mehr einen stärker werdenden Teil des sportlichen Denkens ein.

Das ist eigentlich schade. Natürlich, Ehrgeiz ist wichtig. Ohne Ehrgeiz würde wohl niemand auf die Idee kommen, einen Marathon zu laufen. Aber trotzdem, ein bisschen mehr Lockerheit im Denken und Sport treiben würde sicherlich einigen von uns mitunter recht gut tun.

Ich nehme es mir auch immer wieder vor, alles locker und gelöst zu betrachten, aber es hat noch keinen Lauf gegeben, bei dem ich mich nicht doch irgendwann beim Blick auf die Uhr und beim Hochrechnen erwischt habe.

Irgendwann allerdings, das habe ich fest vor, irgendwann werde ich wirklich nur noch laufen. Ohne Zeitenvorgabe, ohne selbstgemachten Druck, nur noch so, für mich, für die Schönheit des Laufens an sich.

Und dann, dann habe ich wieder ein Ziel erreicht. Zwar keines, welches an einer Kilometerzahl oder Zeit zu bemessen ist, aber ein anderes. Ein viel bedeutenderes.

Heute allerdings bin ich noch nicht so weit, die allmächtige Uhr hält mich fest in ihrem Würgegriff. Alsdann, ich ergebe mich und drücke den Zwischenzeitknopf beim Passieren der nächsten Kilometermarke.

Kilometer 13

Ob es in der Menge hier wohl abergläubische Läufer gibt? Für die wird es dann in diesem Streckenabschnitt sicher spannend.

Es ist natürlich eine denkbar angenehme Lösung, einfach jetzt die Gelegenheit zum Aufhören zu nutzen. Wenn man merkt, es läuft nicht gut, dann wird alles auf die verflixte 13 geschoben – “das Schicksal war gegen mich!”

Ach, Unsinn, was mache ich mir eigentlich für blödsinnige Gedanken. Schwarze Gedanken und sorgenvolle Überlegungen liegen mir fern. Erstens betrachte ich die 13 als meine persönliche Glückszahl (also doch abergläubisch) und außerdem denke ich weder daran, dass es mir schlecht gehen könnte, noch denke ich im Entferntesten daran auszusteigen.

Ganz im Gegenteil. Ich fühle mich prächtig. Es läuft gut. Es läuft sogar sehr gut. Ich laufe sehr gut.

Kraftvoll und gleichmäßig! Ich habe genügend Platz, um ungestört zu sein. Ich habe Lust, so weiterzumachen.

Ich habe Spaß an der Veranstaltung, ich habe meinen Rhythmus und meine innere Balance gefunden.

Kann es sein, dass ich vorhin einmal kurz an mir gezweifelt habe? Nein, ausgeschlossen.

Interessiert schaue mich mir im Vorbeilaufen die derzeitige Umgebung an. Es scheint sich um ein älteres Viertel zu handeln, in dem wir uns momentan befinden. Überwiegend Wohnhäuser, und dementsprechend auch recht viele Zuschauer am Straßenrand. Die sind hier allerdings eher ruhigerer Natur. Schauen sich das Spektakel an und klatschen ab und zu ein wenig. Absolut nicht zu vergleichen mit den Hexenkesseln, die wir heute schon durchlaufen haben.

Dort, wo du nach vorne getrommelt wirst, wo die Zuschauer ihren eigenen Wettstreit veranstalten. Darin, sich gegenseitig beim Anfeuern lautstark zu überbieten.

Eigentlich ist mir das so, wie es im Moment ist, lieber. Es gibt mir die Möglichkeit, ein wenig bei mir selbst zu bleiben, ohne lautstarken Einfluss von außen her.

Einfach vor mich hintraben, einfach in meinem Rhythmus bleiben, ohne die unvernünftigen und spontanen Kraft- und Tempoaktionen, zu denen ich mich von enthusiastischen Zuschauern gerne hinreißen lasse.

Flüssig und zügig geht es über die Straße. So soll es sein, und so kann es von mir aus gerne noch eine Weile weitergehen.

Kilometer 14

Lange währt es allerdings nicht mit der Ruhe am Straßenrand. Bereits nach kurzer Zeit stehen die Zuschauer wieder dicht an dicht, johlen, pfeifen, feiern sich und uns.

Aber auch das ist der Reiz eines Stadtmarathons. Es nicht nur eine Laufveranstaltung. Es ist ein Fest für die ganze Stadt.

Ich spähe immer mal zum Straßenrand, schaue, ob ich nicht irgendwo ein bekanntes Gesicht entdecke. Es ist zwar ziemlich unwahrscheinlich bei so vielen Menschen, aber wer weiß.

Ein mir bekanntes Gesicht entdecke ich zwar nicht, aber dafür erblicke ich etwas anderes, das mir schlagartig auf die derzeitig gute Laune schlägt.

Einen großen Hund habe ich entdeckt, hier, inmitten dieser dicht stehenden und johlenden Menschenmenge. Na, wenn das nur mal gut geht.

Mir persönlich macht der Hund hier und heute nichts aus, denn ich bin auf der sicheren Laufstrecke. Das ist eine der angenehmen Begleiterscheinungen bei einer organisierten Laufveranstaltung (man braucht keine Angst vor Hunden zu haben. Die Straße ist heute für sie gesperrt. Eine ganze Anzahl Ordner, aber vor allen Dingen zigtausende von Zuschauern schützen uns Sporttreibende. Achten darauf, dass wir ungestört unser Laufpensum abspulen können.

Wehe dem Hundebesitzer, der hier und heute seinen vierbeinigen Liebling frei im Läuferfeld umherspazieren ließe. Heute gehört die Straße ausschließlich uns.

Angst vor Hunden habe ich sonst, wenn ich alleine meine Trainingsläufe mache, sehr wohl. Vor diesen Tieren habe ich einen höllischen Respekt. Regelmäßig bekomme ich Herzklopfen und Angstschweiß auf der Stirn, wenn ich einem von ihnen in freier Wildbahn begegne.

Zugegeben, mir ist noch nie etwas geschehen. Diverse Schrecken und unangenehme Beschnüffelungen musste ich natürlich schon häufiger über mich ergehen lassen. Das kennt jeder von uns, die wir in Wald und Feld herumrennen. Aber wirklich etwas passiert ist mir noch nie. Trotzdem sind mir diese Begegnungen unangenehm.

Die meisten Hundehalter sind allerdings recht rücksichtsvoll, zumindest da, wo ich im Allgemeinen laufe. Sie müssen mich, um rücksichtsvoll sein zu können, natürlich erst einmal bemerken. Das ist gar nicht so einfach, gerade wenn man sich von hinten nähert.

Daher habe ich es mir angewöhnt, immer, wenn ich mich Spaziergängern mit Hunden nähere, die Leute frühzeitig auf mich aufmerksam zu machen.

Es gibt da einige bewährte Methoden – ein deutliches und laut vernehmbares Räuspern oder ein fingierter Hustenanfall. Was sich auch bewährt hat ist, die Füße kräftig auf dem Boden schleifen zu lassen, oder gezielt auf einen trockenen Ast zu hüpfen – irgendwie Krach machen, fast alles ist erlaubt, Hauptsache, es wirkt.

Wie schön ist es doch, wenn die Leute sich dann umdrehen und mich bemerken. Und es ist noch viel schöner, wenn sie ihren vierbeinigen Liebling dann zu sich rufen und ihn am Halsband fassen.

Dann sage ich im Vorbeilaufen immer ganz freundlich “Guten Tag!” und “Danke schön!”.

Ganz anders die Zeitgenossen, die unbeirrt ihre Hundebegleiter weiterhin durch die Gegend streichen lassen.

Das gefällt mir gar nicht. Dann muss ich im Heranlaufen analysieren, was zu tun ist.

Wedelt der Hund ordentlich mit dem Schwanz, werte ich das im Allgemeinen als positives Zeichen. Besser ist es noch, wenn der Hund mich kurz anschaut, am liebsten aus sicherer Ferne, um anschließend desinteressiert in eine andere Richtung zu laufen.

Schlimmer ist es, wenn ich das Gefühl habe, er visiert mich an.

Am schlimmsten allerdings ist, wenn der Hund auf mich zukommt, je größer das Tier, desto schlimmer.

Häufig bleibe ich dann vorsichtshalber erst einmal kurz stehen und gehe betont ruhig an dem Tier vorbei, um erst ein Stück entfernt das Laufen wieder aufzunehmen.

Manche Hundebesitzer äußern bei solchen Gelegenheiten gerne:

"Der tut doch nichts, der will nur spielen."

Soll er wollen, ich will aber nicht. Außerdem weiß ich von einigen Bekannten, dass solche Begegnungen mit den Worten endeten: "Das hat er ja noch nie getan."

Dann war es aber leider zu spät für diese Erkenntnis.

Der will doch nur spielen.

Nein, da bleibe ich lieber bei meiner vorsichtigen Haltung und gehe auf Nummer sicher, wenn frei laufende Hunde in Sichtweite kommen. Aber heute besteht keine Gefahr, kein Herzklopfen, kein Stehen bleiben. Heute kann ich unbeschwert an allen Hunden vorbeilaufen!

Kilometer 15

Ich werde das Gefühl nicht los, dass es immer besser läuft. Problemlos trabe ich über die Strasse, Schritt für Schritt und Meter für Meter. Fast denke ich, ich könnte ein wenig schneller laufen.

Der Blick auf die Uhr verrät mir, dass ich die letzten Kilometer ganz regelmäßig in einer Zeit von ungefähr vier Minuten und zwanzig bis dreißig Sekunden bewältigt habe. Das ist genau das Tempo, das ich mir vorgenommen hatte. Soll ich wirklich etwas mehr Gas geben, die Kraft dazu habe ich im Moment sicherlich.

Allerdings ist der Weg noch weit, gerade mal ein gutes Drittel haben wir hinter uns gebracht. Zudem hat sich mir der Ausspruch eines erfahrenen Marathonläufers eingeprägt, der vor Übermut gewarnt und einmal gesagt hat:

"Wenn du beim Marathonlauf das erste Mal das Gefühl hast, du willst schnellerlaufen – ignoriere es und bleib bei deinem Tempo. Wenn du das zweite Mal das Gefühl hast, zu langsam zu sein, dann reiß dich zusammen und lass dich bloß nicht zu höherem Tempo verleiten. Erst wenn du das dritte Mal glaubst, schneller sein zu müssen, dann lass es krachen und gib Gas!"

Bei mir hat sich das Gefühl, zu langsam zu sein, eindeutig erst zum ersten Mal eingestellt. Also, demzufolge werde ich lieber nicht schneller werden, so schwer es mir auch fällt.

Bei meinem jetzigen Tempo würde ich auf eine Gesamtzeit um die 3 Stunden 15 kommen. Das wäre super für heute. Mehr als ich erwarten konnte. Wenn ich das schaffe, dann kann ich total zufrieden sein.

Allerdings, es ist ja vermessen, so früh schon über eine Endzeit zu spekulieren. Zuviel liegt noch vor mir. Und wie ich weiß, wird es richtig schwer erst später werden, irgendwann jenseits der Dreißig.

Daran denke ich aber besser jetzt noch nicht. Ich konzentriere mich lieber auf das Hier und Jetzt.

Bumm, Bumm, Bumm – trommeln die Füße über die Straße. Ich habe das Gefühl, Power ohne Ende zu besitzen.

Nein, noch besser, ich bekomme immer mehr Power. Mit jedem Schritt, mit jedem Atemzug baue ich Energie in mir auf. Es ist herrlich, so laufen zu können. Zu spüren, wie es mir gut tut, Kraft gibt.

Das erinnert mich an die Morgenläufe, die ich so gerne mache.

Morgens, wenn es draußen gerade mal hell wird. Vor dem Frühstück schon eine Runde gelaufen. Anfangs noch ein bisschen Müdigkeit, alles in mir fließt noch nicht richtig. Aber dann, nach zehn Minuten, dann spüre ich, wie der Körper erwacht.

Dann allmählich beginnt sich die Energie in mir aufzubauen. Der Körper sammelt Kräfte, stärkt sich für den Rest des Tages.

Wenn dann noch die Morgensonne langsam am Himmel nach oben wandert, und die ersten Strahlen mich erreichen, dann bin ich eins mit mir selbst und mit der ganzen Welt um mich herum.

Das ist ein wunderschönes Gefühl, kaum in Worten vermittelbar. Das kann man nur selbst erleben, um es nachfühlen zu können. Ich jedenfalls möchte diese Momente in meinem Leben nicht mehr vermissen.

An manchen Tagen fahren auf der Straße neben der Laufstrecke Autos vorbei. Leute, die auf dem Weg zu ihrer Arbeitsstelle sind. Müde und verquollene Gesichter glotzen heraus, die verstehen gar nicht, was ich da in aller Frühe treibe. Die denken vielleicht: "Wie kann man sich nur morgens schon so quälen?" Ach, wenn die wüssten, wie gut das tut.

Nach solch einem Lauf am frühen Morgen, der gar nicht mal lang sein muss, manchmal nur dreißig Minuten, kann der Tag beginnen.

Gut gestimmt und voller Tatendrang und Energie gehe ich an diesem Tag zur Arbeit. Alles geht etwas leichter von der Hand, und ich kann noch lange von meinem Morgenvergnügen zehren.

Genauso geht es mir jetzt. Ich baue ein Polster auf für die schweren Zeiten, die ganz sicher noch vor mir liegen.

Kommt nur, ihr Kilometer, ich schaffe euch schon. Unverdrossen und Stück für Stück.

Und siehe da, das nächste Teilstück ist auch schon wieder abgehandelt. Am Rande der Laufstrecke steht eindeutig ein Schild mit einer großen 15 darauf.

Kilometer 16

Locker geht es an der Tafel vorbei. Automatisch drückt dabei die rechte Hand den Zwischenzeitknopf meiner Uhr.

Ein kurzer Blick: "Aha, eine Stunde, elf Minuten und achtzehn Sekunden bin ich unterwegs. Wunderbar, es läuft genau nach Plan."

Und nach fünfzehn gelaufenen Kilometern gibt es auch wieder eine kleine Belohnung zwischendurch – die nächste Verpflegungsstation kündigt sich an.

Einerseits freue ich mich natürlich darauf, einen Schluck zu trinken. Andererseits gefällt es mir überhaupt nicht, jetzt schon wieder aus meinem gleichmäßigen Tritt gebracht zu werden. Aber egal, das Trinken muss sein.

Um mich herum entsteht bereits Bewegung im Läuferfeld. Unruhe im Rudel vor der Fütterung. Wie bei einem Rennen kurz vor dem Schlussspurt versucht jeder, sich in eine gute Position zu bringen.

Das ist immer so, kurz vor den Verpflegungstischen. Wie die Irren stürzen manche sich direkt auf die ersten Tische mit Getränken, die am Rande aufgebaut sind. Dichte Trauben bilden sich hier. Rückstaus auf die Laufstrecke entstehen, und die ganze nachfolgende Schar gerät ins Stocken. Dabei wäre zwanzig Meter weiter jede Menge Platz zum Getränke holen.

Andere wiederum schießen von ganz rechts nach ganz links, oder auch umgekehrt, quer durch das Läuferfeld, in der Hoffnung, an der anderen Seite schneller an einen Becher zu kommen.

Wieder andere stoppen im vollem Lauf abrupt ab, so dass du aufpassen musst, nicht auf sie aufzulaufen, während die nächsten, demonstrativ unbeeindruckt von dem Trubel, schnellstmöglich die Stätte des Geschehens durchlaufen wollen und die Getränkemöglichkeit ignorieren.

Kurzum, es herrscht immer ein chaotisches Treiben an den Verpflegungsstationen.

Natürlich ist es auch jetzt nicht anders. Ich versuche, möglichst in der Mitte der Straße zu bleiben, um dann an einem der hinteren Tische einen Becher mit warmem Tee greifen zu können. Stehen bleiben mag ich allerdings nicht zum Trinken. Ich habe auch so schon das Gefühl, zuviel Zeit zu verlieren.

Gesagt, getan, ich laufe eine Station mit Tee an und nehme mir einen Becher mit auf den Weg.

Danach laufe ich gleich mit dem Becher in der Hand weiter und trinke dabei in kleinen Schlucken. Das klappt ganz gut, wenn ich den Becher oben zu einem Schlitz zusammendrücke und aus dem schmalen Ritz die Flüssigkeit heraussauge.

Dann fort mit dem Becher in hohem Bogen und voran in Richtung Ziel.

Kilometer 17

Und weiter geht es. Schritt für Schritt und immer wieder einen Fuß vor den anderen gesetzt.

Tripp, trapp, tripp, trapp – ich bin eine kleine, in sich abgeschlossene Welt in der großen Welt. Ein laufender Mikrokosmos.

Sssscht – strömt die Luft in mich hinein.

Pfffffft – strömt sie wieder hinaus.

Interessiert beginne ich damit, mich selbst zu beobachten. Was tut sich denn so in mir?

Sehr interessant, was für Abläufe in und um solch einen laufenden Menschen stattfinden.

Ich staune schon nach kurzer Zeit über all die Kleinigkeiten, die sich hierbei entdecken lassen.

Von links und rechts pendeln in regelmäßigem Rhythmus die Arme in mein Blickfeld hinein. Ich stelle überrascht fest, dass demnach nicht nur die Beine, sondern genauso die Arme während des gesamten Laufes in unermüdlicher Bewegung sind.

Etwas weiter unterhalb heben sich in stetem Rhythmus die Beine, einmal links, einmal rechts. Gut, von denen wusste ich, dass sie sich keine Pause gönnen dürfen. Um all das in Gang zu halten, muss die Treibstoffversorgung unbedingt funktionieren.

Und das tut sie. Unermüdlich und zuverlässig pumpt der körpereigene Blasebalg immer wieder eine Ladung Sauerstoff nach der anderen in die Lungenflügel. Sssscht – Pfffft, Sssscht – Pfffft. Ganz und gar regelmäßig geht das vonstatten.

Zwei Schritte einatmen, drei Schritte ausatmen. Zwei Schritte einatmen, drei Schritte ausatmen. Ich stelle erfreut fest, dass ich, aus körpertechnischer Sichtweise betrachtet, zur Zeit sehr gut funktioniere.

Ich bin zufrieden mit mir. Solange dieses Atmungsverhältnis von zwei zu drei Schritten da ist, weiß ich, die Welt ist für meine kleine Maschine Körper in Ordnung.

Wenn das Verhältnis zwei zu zwei wird, ich ebenso lange ein- wie ausatme, dann benötige ich eindeutig zuviel Sauerstoff.

Dann läuft die Pumpe zu hochtourig. Die nächste Stufe, die kurz bevorsteht, ist dann die Japserei. In diesem Fall laufe ich über meinen Kräften und muss umgehend das Tempo drosseln, um Schlimmerem vorzubeugen.

Für den Moment ist das allerdings reine Theorie, denn von Überlastungserscheinungen bin ich meilenweit entfernt.

Jetzt versuche ich das Spiel anders herum. Ich schalte in den Schongang. Versuchsweise gehe ich dazu über, den Atemrhythmus noch weiter zu strecken. Ich beginne damit, auf zwei Schritte einzuatmen und vier Schritte auszuatmen.

Schnell breche ich diesen Versuch wieder ab.

Puh, nein! Das ist heute nicht mein Ding. Ich spüre sofort, wie diese Atmung gegen meinen funktionierenden Rhythmus verstößt.

Schnell kehre ich schnell zurück zu meinem bewährten Zwei-zu-drei-Atemrhythmus.

Es ist doch wirklich erstaunlich, womit man sich so bei einem Lauf die Zeit vertreiben kann. Aber Schluss nun mit den Beobachtungen, es ist Zeit, wieder in die Realität des Marathonlaufes zurückzukehren. Irgend etwas in meinem Umfeld hat sich verändert.

Ich beende den Besuch bei mir selbst und widme mich wieder der Laufstrecke. Was ist denn hier auf einmal anders als noch vor kurzem?

Richtig. Die Geräuschkulisse hat sich gewandelt. Was nun an mein Ohr dringt, das klingt gewaltig sonderbar.

Ich schaue mich um.

Kilometer 18

Wo bin ich denn jetzt bloß gelandet? Was ist das für eine Truppe hier um mich herum?

Es pfeift und piepst, dass es eine wahre Freude ist.

Mir scheint, ich bin soeben inmitten der Interessen-Gemeinschaft überzeugter Pulsmesserfanatiker angekommen.

Piep, piep, piep piep, in kurzem Abstand ertönt das wohlbekannte Geräusch. So ein ganz eigenes, metallisch-trockenes Geräusch verbreiten diese Dinger. Fremd und ganz bestimmt nervig. Keine Frage, solch ein Pulsmesser kann ein sehr nützliches und unterstützendes Utensil sein. Auch ich pflege, vor allem im Training, bisweilen einen solchen Gesundheitswächter mit mir zu führen.

Eines lässt sich hier immer wieder feststellen – es wird viel zu schnell trainiert. Das hatte auch ich nach kurzer Zeit schon gemerkt.

Um ein besseres Gefühl für ein wohldosiertes Tempo beim Laufen zu bekommen, dafür ist solch ein Pulsmesser wirklich sehr gut zu gebrauchen. Auch dafür, sich einen genaueren Überblick über die persönliche Leistungsfähigkeit zu verschaffen.

Oder bisweilen, um im fröhlichen Kräftemessen einmal festzustellen, wer den Puls am schnellsten nach oben, am höchsten insgesamt hinauf und dann aber auch wieder am schnellsten auf ein vernünftiges Level herunter bekommt.

Also, vielfältige Anwendungsmöglichkeiten. Aber muss denn dieses Gelärme sein? Ich selbst bevorzuge es, sogar beim Training, diese Apparatur leise zu stellen. Es genügt doch völlig, die Werte ablesen zu können. Viel zu wertvoll ist mir die Ruhe, die ich beim Laufen suche. Abschalten vom Alltag, ein wenig für mich sein, das genieße ich. Hierbei brauche ich absolut keine musikalische Untermalung.

Und dann, wie heute, auf solch einer langen Strecke dieses einengende Band quer über die Brust gespannt. Beim besten Willen, nein, ohne mich. Lieber versuche ich, mich über die Atmung zu kontrollieren. Das schont meine eigenen und vor allem die Nerven der Umwelt.

Gerne würde ich ja erleben, was in dieser Pulsmessertruppe für eine Aufregung ausbrechen wird, wenn die nachher in den Bereich von elektrischen Feldern gelangen. Zum Beispiel unter die Oberleitungen von Straßenbahnen. Das hat die erstaunliche Auswirkung, dass die Werte plötzlich manipuliert werden und die Anzeige nicht mehr stimmt.

Wie wird die Reaktion denn sein, wenn der angezeigte Puls in Riesensprüngen zwischen der 20- und 220-Marke urplötzlich Herzrhythmusstörungen in bedenklichstem Maß vermittelt. Oder stell dir vor, die Apparatur meldet, dass du auf einmal hin bist. Puls bei Null, Feierabend. Sollst du dann trotzdem weiterlaufen?

So groß ist meine Neugierde dann aber nicht, dass ich weiter in diesem Trupp bleiben und derartige Beobachtungen vertiefen möchte.

Meine Damen und Herren, ich wünsche Ihnen angenehmes Weiterpiepsen bis ins Ziel, welches Sie hoffentlich alle bei guter Gesundheit erreichen.

Ich jedenfalls sehe zu, dass ich schnell ein Stück vorankomme, um eurem Konzert zu entgehen.

Mit dem Finden von etwas mehr Ruhe wird es jetzt allerdings wohl erst einmal nichts werden. Genauso geräuschvoll wie im Läuferfeld ist es nun auch wieder am Streckenrand geworden. Dass hier kräftig gelärmt wird, sind wir ja nun bereits gewohnt, aber im Moment wird es richtig laut.

Rechts am Straßenrand steht auf einmal eine ganze Schar Kinder. Wieso heute so eine Kinderschar? Heute ist doch Sonntag. Das kommt mir komisch vor, aber es ist so.

Eindeutig steht da mindestens eine komplette Schulklasse 7- oder 8-jähriger Kinder, Jungen und Mädchen, und reckt ihre Händchen zur Strasse hin. Vielleicht läuft ja deren Lehrerin oder Lehrer heute mit.

Begeistert jubeln sie jedes Mal, wenn ihnen im Vorbeilaufen die Hände abgeklatscht werden.

Na denn, den Spaß sollt ihr haben. Klatsch, klatsch, klatsch, einmal die Reihe durchgeklopft. Das freut die Kinder und auch mich, denn ich bin für jede Anfeuerung und Abwechslung vom Streckenrand her dankbar.

Und in Windeseile kann ich auf diese Weise auch den Pulsmessertrupp hinter mir lassen.

Kilometer 19

Es war jetzt auch höchste Zeit, dem musikalischen Trupp zu entfliehen, denn irgendwo vor mir müsste jetzt eigentlich Inka wieder rechts am Straßenrand auftauchen.

So zumindest hatten wir es vereinbart. Wie üblich vor unseren Treffpunkten, versuche ich erst einmal, mich zu ordnen und in vernünftige Verfassung zu bringen. Kopf hoch, Brust raus und – vorwärts.

Abgesehen von dieser haltungskosmetischen Behandlung geht es mir zur Zeit wirklich noch immer sehr gut. Das möchte ich natürlich auch gerade jetzt deutlich zum Ausdruck bringen, um eventuellen sorgenvollen Gedanken um mein Wohlbefinden vorzubeugen.

Breit ist die Straße hier, und dementsprechend aufgelockert ist das Läuferfeld. Jeder hat den Platz um sich herum, den er für sich benötigt.

Natürlich gibt es immer mal wieder Pulks, Gruppen, die gemeinsam die Strecke absolvieren wollen, aber die stellen jetzt keine Hindernisse mehr dar. Meine Gedanken wandern zu meinen Vereinsfreunden, die auch heute irgendwo vor oder hinter mir ihren Marathon laufen.

Seltsam ist es ja schon, da bereitet man sich wochenlang gemeinsam vor, absolviert viele gemeinsame Trainingsstunden, und dann kämpft hier doch jeder für sich und läuft sein eigenes Rennen ganz alleine.

Anders hat es aber auch wirklich keinen Sinn. Ab und zu haben wir schon mal versucht, gemeinsam zu laufen. Irgendwo trennten sich dann doch die Wege. Jeder läuft nun mal am besten in seinem eigenen Tempo.

Mich persönlich macht es beispielsweise geradezu rasend, wenn jemand versucht, mich zu ‚ziehen'. Ich laufe womöglich hart am Anschlag und kann kaum noch weiter, und trotzdem springt, stets einen halben Schritt voraus, jemand locker vor mir her und erzählt mir dann vielleicht noch, wie gut ich aussehe und dass ich sicherlich noch Reserven hätte.

So etwas ertrage ich nicht. Ich muss mein Tempo laufen und damit hat sich's.

Viel langsamer als meinen gewöhnlichen Schnitt kann ich allerdings auch schlecht laufen. Irgendwie empfinde ich ein zu langsames Tempo nach einer Weile als ebenso sehr ermüdend wie ein zu schnelles Tempo.

Und da es meinen Lauffreunden genauso geht wie mir, laufen wir eben jeder für sich.

Umso schöner ist es dann, am Abend nach dem Lauf noch ein wenig zusammen zu sitzen und die neuesten Erfahrungen miteinander auszutauschen.

Es ist immer wieder erstaunlich, wie unterschiedlich ein und derselbe Wettlauf doch erlebt wird.

Heissa, da sehe ich doch Inka schon kurz vor mir am Straßenrand stehen. Fast wäre ich an ihr vorbeigelaufen.

"*Hallo, ich fühle mich gut. Wie geht es den anderen?*"

Alles was interessiert, muss in Sekunden vermittelt werden.

Im Vorbeilaufen bekomme ich noch mit, dass alle von uns gut unterwegs sind. Zwei sind vor mir und der Rest in der erwarteten Reihenfolge hinter mir. Zumindest war das bei Kilometer 9 so, und da waren sie allesamt noch gut drauf.

Super. Das freut mich. Es ist immer schade, wenn einer von uns aus irgendwelchen Gründen aussteigen muss.

Na, das wird ja ein Erzählen geben, nachher, bei einem Stück Kuchen und einer Tasse Kaffe.

Jetzt aber will ich erst einmal die Pflicht erledigen. Ich winke Inka noch einmal zu.

"Wir sehen uns im Ziel!", ruft sie mir hinterher. Ach, wie freue ich mich darauf. Ja, bis nachher im Ziel. Ich hoffe nur, dass auch alles wunschgemäß klappen wird.

Kilometer 20

Zunächst geht es aber erst einmal weiter. Es geht jetzt tatsächlich schon auf die 20-Kilometer-Marke zu.

Der nächste echte Streckenabschnitt wird damit abgeschlossen werden.

Ich fühle mich prächtig, die Stimmung an der Strecke ist ebenso hervorragend. Gerade laufe ich an einer kleinen Band vorbei, die an der Strecke ihre Instrumente aufgebaut hat. Dixielandmusik wird gespielt.

Die Leute ringsherum sind ausgelassen, feiern, einige tanzen sogar. Es macht einen ungeheuren Spaß, an diesen Feierplätzen vorbeizulaufen.

Und es lässt die Gedanken immer mal wieder von der Laufstrecke abschweifen. Ein wenig von der Feierei und dem Vergnügen lässt sich immer schön noch ein Stück mitnehmen.

Das Wetter heute ist dem Feiern am Streckenrand allerdings auch wirklich zuträglich.

Es verspricht, ein richtig schöner Tag zu werden. Immer höher steigt die Sonne am Himmel. Im Moment steht sie genau in meinem Rücken und malt meinen eigenen Schatten vor mir auf die Straße. Sieht ja irgendwie ulkig aus.

Eine Weile beobachte ich Form und Bewegung meines Schattenbildes. Recht kurz von den Proportionen her, hüpft mein eigenes Abbild vor mir auf der Straße auf und nieder.

Dabei heben und senken sich die Stummelbeinchen in stetigem Rhythmus.

Oben auf dem Ganzen wackelt, klein und reichlich zusammengedrückt, das Köpfchen. Hopp, hopp, hopp und hoch das Bein.

Es sieht zum Kaputtlachen aus, wie ich da unförmig und ungelenk vor mir herspringe.

Da, eine Wolke hat sich vor die Sonne geschoben. Das gibt es doch nicht. Wo kommt denn die auf einmal her. Ein letztes blasses Abbild kann mir noch einmal ein Kichern entlocken. Dann ist es vorbei mit den Schattenspielen.

Und mit Spielchen ist jetzt sowieso erst wieder einmal Schluss, denn zwanzig Kilometer sind definitiv absolviert. Untrügliches Zeichen hierfür sind nicht nur die Kilometerschilder, die bereits zu erblicken sind, sondern auch die roten Teppiche, die man uns bereitet hat. Es ist gleich mal wieder Zeitnahme angesagt. Quer über die Straße gebreitet tauchen die mittlerweile bekannten roten Matten auf, und ein leises Zirpen erfüllt bereits die Luft.

Jawohl, es ist soweit, ich habe den nächsten Streckenabschnitt sicher in der Tasche beziehungsweise in den Schuhen. Kilometer 20 ist erreicht.

Kilometer 21

So hundertprozentig vertraue ich der neuen Technik allerdings immer noch nicht. Immer wieder denke ich beim Überqueren der Zeitnahmeschleifen, dass hier auch mal ein Aussetzer passieren könnte. Das Ding registriert mich ganz einfach nicht. Ich erfahre irgendwann später, dass ich aus dem Starterfeld gestrichen wurde, disqualifiziert wegen versuchten Betruges.

"Herr Külzer, sie wurden bei Kilometer 20 nicht registriert, wir gehen daher davon aus, dass Sie diesen Teil der Strecke unerlaubterweise anderweitig bestritten haben. Das Organisationskomitee disqualifiziert sie wegen unsportlichen Verhaltens!"

Entsetzlich. Und das vielleicht noch gerade dann, wenn ich soeben eine neue Bestzeit gelaufen habe.

Also halte ich mich besser nicht zu weit am Rande, sondern laufe ein wenig weiter in der Mitte über die Matten. Möglicherweise wird man dort ja sicherer erfasst.

So, jetzt bin ich drüber. Kurz hinter der Zeitnahme gibt es wieder Verpflegungsstände. Das Tohuwabohu hier ist ja mittlerweile vertraut.

Eigentlich habe im Moment überhaupt nicht das Gefühl, etwas zu trinken zu benötigen. Trotzdem bleibe ich bei der Angewohnheit, konsequent an jedem Verpflegungsstand etwas zu mir zu nehmen.

Dieses Mal gibt es erstmalig auch Bananenstückchen. Das kommt mir recht, denn ein wenig Nahrung im Bauch kann ich gut gebrauchen. Allerdings sieht das ja schon ein bisschen seltsam aus, wie die Helferinnen und Helfer uns mit ihren weißen Sterilhandschuhen die Stückchen zurechtlegen.

Manche reichen die Bananenstücke uns Vorbeilaufenden auch zu, stehen dann am Rande der Strecke und halten so ein paar Bananenscheiben in den OP-Handschuhen.

Aus hygienischer Sicht hat das mit Sicherheit viele Vorteile, aber richtig daran gewöhnen kann ich mich dennoch nicht

Na ja, Hauptsache, es hilft. Ein kleines Stückchen Obst gönne ich mir, spüle mit einem Schluck Tee hinterher. Und schon bin ich weiter unterwegs auf der Strecke.

20 Kilometer habe ich jetzt hinter mich gebracht. Fast die Hälfte des Laufes. Und habe andererseits das Gefühl, dass alles noch gar nicht richtig angefangen hat.

Es ist schon erstaunlich, wie unterschiedlich man sich auf Strecken einstellt. Läuft man einen Halbmarathon, dann ist man an dem Punkt des Rennens, an dem ich mich jetzt befinde, kurz vor dem Ziel des Laufes und im Allgemeinen ziemlich am Ende der Kräfte.

Hatte man vor, nur zwanzig Kilometer zu laufen oder gar nur zehn, dann ist hier Feierabend, keinen Schritt kann man mehr machen, Geist und Körper streiken. Und heute laufe ich so ganz locker und frohgemut weiter meines Weges, zeitlich noch nicht einmal so weit von den Zeiten entfernt, die ich bei einer kürzeren Distanz auf der vergleichbaren Streckenlänge gelaufen wäre.

Überhaupt, 20 Kilometer, was das für eine Entfernung ist, das muss man sich einmal vorstellen. Ich kann mich noch gut an einen meiner ersten Volksläufe erinnern. Damals war ich sehr stolz darauf, 10 Kilometer halbwegs passabel laufenderweise bewältigen zu können. Und da hörte ich doch tatsächlich, wie sich neben mir zwei andere Volksläufer unterhielten

“Ach, ich mache heut’ mal einen Zwanziger”, so konnte ich vernehmen.

“Elender Angeber”, das fiel mir seinerzeit spontan dazu ein. Einfach mal so einen 20er machen, das ist ja überhaupt nicht möglich. Ein Zwanziger bedeutete für mich damals noch einen Lauf in absolute Grenzbereiche der Leistungsfähigkeit, sozusagen am Rande des Sauerstoffzeltes. So etwas kann man nicht ‚mal so machen‘. Und heute? Heute laufe ich ‚mal so‘ an der Zwanziger-Marke vorbei und freue mich unverändert meines Daseins.

Irgendwie sind wir Menschen schon häufig sehr eingeschränkt in unserem Denken. Immer glauben wir, dass das, was wir selbst kennen und können, auch die Messlatte für den Rest der Menschheit sein muss.

Okay, lieber Volksläufer von damals. Unbekannterweise und im Nachhinein entschuldige ich mich für meine garstigen Gedanken. Und wer weiß, vielleicht bist Du ja gerade hier, irgendwo in der Menge, und läufst ‚einfach mal so' einen Marathon. Viel Spaß dabei und gutes Gelingen!

Kilometer 22

Es ist noch gar nicht so sehr lange her, seit das melodische Gejaule quer über die Straße, das die elektronische Zeiterfassung begleitet, hinter mir verhallt ist. Das nächste Mal hätte ich diese nervtötenden und trotzdem immer wieder willkommenen Geräusche erst bei Kilometer 30 erwartet. Aber das, was sich akustisch ankündigt, kann nur schon wieder eine erneute Zeitnahme bedeuten.

Für einen Moment gerate ich ins Träumen. Ach, was wäre das jetzt so schön, einen Zeitsprung erlebt zu haben. Wenn ich auf einmal feststellen könnte, dass ich mich auf den letzten 10 Kilometern irgendwie in Gedanken verloren hatte, jeglichen Bezug zu Zeit und Strecke völlig verlor.

Und jetzt, wo ich wieder zu mir komme, zack, schon bin ich bei der 30-Kilometer-Marke.

Jetzt hätte ich nur noch zwölf Kilometer zu laufen und wäre dann bereits im Ziel.

Traumhaft, der Gedanke, aber eben leider nur ein schöner Traum, wie der Blick auf meine Uhr mir erbarmungslos beweist. Gerade mal sechs Minuten sind seit der letzten Zeitmessung vergangen. Somit kann die erneute Registrierung nur eines bedeuten – Halbzeit, Halbmarathon, Kilometer 21,0975.

Und da sind sie auch schon, die roten Matten quer über der Laufstrecke. Schnellen Schrittes wird die imaginäre Linie überschritten. Ab sofort wird zurück gezählt.

Fast fühle ich mich wie ein Bergsteiger, der die erste Hälfte des Weges geschafft hat und nun, nach dem Überqueren des Gipfels, den Rückweg antritt. Natürlich hinkt dieser Vergleich, ist im Grunde Unfug. Denn während es für den Bergsteiger tatsächlich nach der Halbzeit nur noch abwärts geht, wird für mich als Läufer der Weg, bildlich betrachtet, immer steiler. So einige Gipfel werde ich wohl heute noch erklimmen müssen, um mein Ziel zu erreichen. Egal, noch bin ich frohen Mutes, und, ganz gleich wie anstrengend es noch werden mag, die Hälfte ist geschafft – basta.

Plötzlich wird es dunkler. Eine große schwarze Wolke hat sich vor die Sonne geschoben.

Die Umgebung, die recht trist ist, hatte im Sonnenlicht dennoch freundlich gewirkt. Im Gegensatz dazu verändert sich die Atmosphäre nun schlagartig. Schrottplätze und Gebrauchtwagenhändler entlang der Strecke, kaum Zuschauer, alles ziemlich verwahrlost und abweisend.

Inmitten des Ganzen die bunte Schar der Laufenden, welche nun, nachdem die Sonne verschwunden ist, den einzigen Farbfleck hier darstellen. Ein banger Blick geht zum Himmel. Müssen wir jetzt womöglich auch noch mit Regen rechnen? Das würde mir überhaupt nicht gefallen. Ich habe einfach keine Lust auf nasse, schwere Schuhe, nasse Socken und infolgedessen möglicherweise Blasen an den Füßen.Nicht, dass ich grundsätzlich etwas gegen das Laufen bei Regen hätte. Ganz im Gegenteil. Manchmal macht es mir richtig Spaß, bei "schlechtem Wetter" nach draußen zu gehen. Je wilder, desto besser. Zum einen sind dann kaum Menschen unterwegs anzutreffen, und außerdem hat es seinen eigenen Reiz, wie ich finde, so richtig gegen die Naturgewalten ankämpfen zu müssen.

Unvergessen ein Lauf, den ich vor Jahren auf diese Weise erlebte. Es war ein richtiges Sauwetter, strömender Regen, Sturmböen, kein Hund wäre freiwillig vor die Türe gegangen.

Genau richtig also, wieder einmal den Naturgewalten zu trotzen. Gesagt, getan. Die Schuhe angezogen, Regenjacke übergestreift, und dann hinaus in das Treiben.

Nach einer Weile, mittlerweile im Wald angelangt, verschlechterte sich das Wetter nochmals. Kaum noch Sicht, der Wind pfiff, der Regen rauschte herunter und das Wasser kam mir in Bächen entgegen, während ich mich auf einem matschigen Waldweg bergan kämpfte.

Plötzlich sah ich schemenhaft, wie mir von oben jemand entgegenkam. Obschon die Sicht kaum zuließ, von weitem zu erkennen, wer das ist, ahnte ich es.

Ich kenne nur einen, der sich von derart widrigen Umständen bisweilen genauso angezogen fühlt wie ich.

Und tatsächlich, kurz vor dem Begegnen erkannte ich tatsächlich meinen Lauffreund Addi.

Und während wir aneinander vorbeirannten, ich nach oben und er nach unten, genügte uns ein kurzer Gruß. Worte waren nicht nötig, hätten hier und heute nur gestört.

Wer hier Erklärungen brauchte, würde sie sowieso nicht verstehen. Kennt ihr den Film das Boot? Da gibt es auch so eine Szene, in der sich zwei U-Boote in stürmischer See begegnen und aneinander vorbeirauschen. Ein kurzer Gruß von Brücke zu Brücke – und das war es auch schon. Keine großen Worte und dennoch ein absolutes Gemeinschaftsgefühl.

So etwas erlebst du bei gutem Wetter niemals.

Aber dennoch, heute kann ich auf Regen und Sturm gut verzichten. Das hebe ich mir lieber für zu Hause und die Trainingsläufe auf.

Und mir scheint so, als hätte Petrus ein Einsehen mit uns Marathonis. Es wird schon wieder etwas heller.

Ich denke, es bleibt wohl erst einmal trocken.

Kilometer 23

Musikfetzen dringen an mein Ohr. Irgendwo vor uns versorgt jemand die Laufstrecke mit musikalischer Power.

Das sind immer die schönsten Passagen, wenn dir so richtig gute Musik vom Streckenrand in die Glieder fährt. Und dieses Mal ist es eindeutig gute Musik, die da zu vernehmen ist.

Die Stimme erkenne ich sofort, diesen rauen und kraftvollen Klang.

Unverkennbar ist es der alte Joe Cocker, der da, während ich immer näher komme, seinen röhrenden Sound über die Straße schickt.

Das ist ja super, genau das hat bis eben gefehlt. Ich erreiche das geöffnete Fenster, aus dem die Musik zu uns dringt. Im Vorbeilaufen schaue ich nach oben.

Zwei Leute liegen im Fenster, und beobachten das Spektakel unter sich. Was mögen sie wohl über all das hier denken?

Beneiden sie uns, bewundern sie uns, oder finden sie uns vielleicht einfach nur bescheuert?

Ist mir im Moment eigentlich egal. Jede der drei Betrachtungsweisen hätte etwas für sich. Aber im Moment ist es allein die Musik, die mich berührt. Und die nehme ich gierig in mich auf, sie beflügelt mich, baut mich auf.

"Sail away, dream your dreams."

Das passt! Das Timing stimmt hundertprozentig.

Gerade soeben bin ich dabei, genau dies zu tun. Wenn ich auch nicht ganz so leicht wie ein Segelschiff durch die Gassen treibe, fühle ich mich dennoch angesprochen und motiviert.

Oh, wenn ihr wüsstet, wie gut dieser Moment tut. Als sei ein Energieschub pur in meinen Körper injiziert worden, so laufe ich beschwingt weiter.

Die Musikfetzen verhallen allmählich hinter mir. Einen Moment fühle ich das pure Glück.

Ja, ich habe Kraft, spüre den Wind in meinen Segeln und freue mich darüber, unterwegs zu sein.

Und ich träume nicht nur, sondern ich bin auf dem Weg, meinen Traum zu leben.

Kilometer 24

Eben noch kraftvoll unterwegs, habe ich mit einem Mal das Gefühl, ich liefe im Nichts.

In kürzester Zeit hat sich die Szenerie völlig verändert.

Kaum Menschen stehen am Straßenrand. Auch auf der Strecke sind nur wenige Läufer um mich herum. Es gibt weder auffällige T-Shirts noch skurrile Gestalten, mit denen man sich ein wenig beschäftigen könnte – einfach nichts, was ein wenig Ablenkung bietet.

Zudem geht kein Lüftchen. Nicht einmal der leiseste Windhauch.

Mir wird es immer wärmer.

Ich fühle mich wie ein Motor, der allmählich heißläuft, der in Bälde blockieren oder explodieren wird.

Dabei hatte ich mich vorhin noch so sehr auf dieses Stück des Weges gefreut. Vorhin, als ich exakt in die Gegenrichtung lief und mit dem leichten Gegenwind zu kämpfen hatte.

Das ist hier auf diesem Laufkurs so.

Man läuft ein Stück aus der Stadt heraus, und dann auf fast dem gleichen Weg wieder zurück. Da ist es klar, dass sich ein kräftiger Gegenwind hin auf dem Rückweg in einen feinen Rückenwind verwandeln wird.

Und darauf freute ich mich. Darauf, dass der Wind mich über dieses recht triste Stück Marathonstrecke vor sich her treiben würde.

Pustekuchen, nichts war es damit, dass ich jetzt vorwärts getrieben würde. Genau in der gleichen Geschwindigkeit, mit der ich mich fortbewege, bläst gleichmäßig der Wind.

Es ist entsetzlich und nervig, so allmählich heißzulaufen und einfach keine Bewegung um sich herum zu spüren.

Schon schnell stellt sich die Frage, ob ich auch noch das Shirt ausziehen soll, um mehr Kühlung zu haben. Allerdings ist meine Abneigung gegen diese Unterwegs-Umkleideaktionen ja bekannt. Vielleicht ist dieses Luftloch auch schon bald vorüber? Schließlich kostet selbst solch eine kleine artistische Übung immer ein wenig Kraft.

Weit vor mir sehe ich die Laufstrecke einen großen Bogen machen. Vielleicht wird es da ja wieder besser, vielleicht ist ja irgendwo eine Windschneise durch diese Ödnis.

Ich warte besser noch mit dem Auskleiden. Kraft sparen, wo es nur geht, heißt die Devise.

In Gedanken konzentriere ich mich auf den nächsten Streckenabschnitt und versuche erst einmal, möglichst gleichmäßig weiterzulaufen.

Kilometer 25

Mehr als die Hälfte der Marathonstrecke liegt nun bereits hinter mir. Ich denke, damit ist ein guter Zeitpunkt erreicht, ein wenig Bestandsaufnahme über den bisherigen Verlauf zu machen. Nach kurzer Inspektion stelle ich fest:

Es läuft immer noch sehr gut. Meine Atmung geht ruhig und gleichmäßig. Die Füße traben in dem vorgegebenen Tempo problemlos vor sich hin.

Diverse Schmerzzonen, die während des Laufes bisher immer einmal aufflackerten, um mir einen Schrecken einzujagen, sind momentan nicht feststellbar.

Mein Körperzustand ist unauffällig, wie ein Mediziner wohl sagen würde.

Genauso unauffällig wie ich selbst sind auch die Strecke und das ganze Drumherum zur Zeit. Irgendwie ist hier überhaupt nichts los.

Geradezu langweilig kommt es mir vor. Während ich mich ein wenig umschaue, und die Eindrücke der Umgebung in mich aufnehme, beginne ich die Menschen zu bedauern, die in dieser Ecke der Welt leben müssen.

Für mich wäre das nichts. Zuviel Stadt, zu viele triste Wohnblöcke, zuviel Straße und viel zuwenig Grün.

Wenn ich mir vorstelle, wie das wäre, hier morgens oder abends loslaufen zu müssen. Ich wüsste überhaupt nicht, wohin ich denn laufen soll.

Immerzu diese tristen Straßen entlang?

Oder immer rund um die Wohnblocks herum?

Nein, wirklich, das wäre nichts für mich. Da würde mir der Spaß sicherlich schnell vergehen.

Wenn ich da an mein zu Hause denke. Die Schuhe angezogen, losgelaufen und nach zwei Minuten schon im Feld. Direkt hinter dem Ortsausgang kommt auf der linken Seite des Weges die Pferdekoppel. Oft stehen hier Pferde, die interessiert zuschauen, was auf dem Weg neben ihrer Koppel geschieht.

Manchmal laufen die ein kleines Stück neben mir her, bevor sie mit einem Schnauben abdrehen und sich wieder dem satten Grün der Weide widmen.

Ja, da macht das Laufen Spaß!

Mir ist schon bewusst, dass ich, nicht nur aus Läufersicht betrachtet, das Glück habe, in einer Idylle leben zu können. Ich habe das unter anderem auch deswegen so deutlich vor Augen, weil ich früher selbst in einer Stadt gelebt habe, und sogar dort mit dem Laufen begann. Heute kann ich mir das zwar nicht mehr vorstellen, aber damals habe ich das gar nicht so empfunden.

Das ist ja auch das Schöne an unserem Sport. Du kannst ihn immer und überall ausüben.

Du brauchst keine Hallen, keine Sportplätze, du brauchst nicht einmal Trainingspartner. Lediglich ein Paar Laufschuhe brauchst du, und die Lust, dich ein wenig bewegen zu wollen.

Manchmal ist es schöner, manchmal auch weniger attraktiv, wo es sich trainieren lässt. Aber möglich ist es immer.

Gleichgültig, wo ich hinfahre, Laufschuhe habe ich immer im Gepäck, und ich habe noch keinen Ort auf dieser Welt gefunden, wo ich nicht hätte laufen können.

Zwar sieht man es nicht überall so gerne, wenn die muffelnden Laufschuhe zum Ausdünsten auf der Treppe stehen, aber da müssen die anderen dann einfach durch.

Wie man sieht, sogar in dieser tristen Ecke wird gelaufen, sogar die Marathonstrecke geht hier durch.

Und sicherlich sind unter den, wenn auch wenigen, Zuschauern, die diesen Streckenabschnitt säumen, einige dabei, die selbst aktive Läufer sind. Und ganz bestimmt haben auch die hier, wo es auf den ersten Blick trist und öde erscheint, ihre Geheimtipps.

Lieblingsstrecken, auf denen sich laufenderweise Zufriedenheit und Entspannung finden lassen.

Vielleicht würden viele von ihnen gar nicht mit mir tauschen wollen, würden den Kopf darüber schütteln, wie man sich bloß auf dem Lande wohlfühlen kann.

Es ist nun einmal so, jedem das Seine. Mir aber geht es heute vor allen Dingen um eines, und das ist ein schönes Lauferlebnis.

Und wenn es so sein muss, dann gehört eben auch mal ein trister Streckenabschnitt dazu.

Kilometer 26

Will das denn überhaupt kein Ende nehmen?

Die Straße, durch die wir noch immer laufen, scheint endlos zu sein.

Weit voraus kann ich die Masse der Läufer wogen sehen.

Diese unüberschaubare Menge ist immer wieder umwerfend, kaum fassbar. Wie viele sind das, die da vor mir über den Asphalt traben? Ich kann es nicht schätzen, aber es müssen Hunderte, wenn nicht Tausende sein.

Und wie viele es sind, die bereits hinter mir liegen, all die einzelnen Läuferinnen, Läufer und Gruppen, die ich heute schon überholt habe?

Gar nicht zu denken an all die, die von Anfang an im Feld hinter mir gestartet sind. Das sind auch nicht wenige, denn aufgrund der von mir bisher gelaufenen Zeiten konnte ich zum Glück aus dem vorderen Bereich des riesengroßen Starterfeldes loslaufen.

Immer dann, wenn die Straße, wie zur Zeit, in der Ferne ein wenig ansteigt, bekommt man wieder einmal einen Eindruck von der ungeheuren Menschenmenge, die bei solch einer Veranstaltung unterwegs ist.

Wir laufen noch immer am Rande der Stadt entlang, in dieser Wohnsiedlung. Zu den reinen Wohnblocks kommen jetzt allerdings mehr und mehr Hochhäuser hinzu, auch einige Bürogebäude, wie mir scheint.

Die Dichte des Publikums am Straßenrand ist wieder gestiegen. Trotz der immer noch frühen Stunden ist die Menschenmenge, nicht nur der Läufer, sondern auch die der Zuschauer, imponierend.

Auch über sie staune ich. Immer wieder, Jahr für Jahr, säumen sie zu Tausenden die Marathonstrecken. Feiern 'ihren' Marathon. Feiern jede einzelne Läuferin und jeden Läufer, der vorbeikommt.

Und wie lange sie ausharren müssen. Hier, nach ungefähr 26 gelaufenen Kilometern, ist die Spitze des Feldes schon vor bestimmt 45 Minuten durchgekommen.

Seitdem wälzt sich der Lindwurm von Läufern und Läuferinnen an ihnen vorbei.

Und trotzdem lassen die Zuschauer nicht nach. Unverändert enthusiastisch feuern sie die Vorbeilaufenden an. Ob sie wohl wissen, wie gut das tut, immer wieder einmal aus dem Trott gerissen zu werden? Hier und da einen kurzen Blickkontakt zu erhaschen, zu ahnen, genau dieser Applaus gilt jetzt dir.

Ich kann nur hoffen, dass sie es wissen, dass sie sich vorstellen können, wie wichtig hier und heute ihre Anwesenheit für uns ist. Wie gut der Beifall tut, jetzt, wo die Beine sich schon bisweilen ein wenig nach Ruhe sehnen.

Ich glaube, sie wissen es. Viele von ihnen jedenfalls.

Und sie werden nicht müde, sie machen weiter. Mindestens noch eine Stunde wird es dauern, bis hier die Letzten durchgelaufen sein werden.

Einige sind dann mit Sicherheit schon furchtbar erschöpft. Kämpfen mit der Müdigkeit, den schweren Beinen und der Eintönigkeit des Betonbandes, auf dem sie unterwegs sind.

Aber alle werden sie hier ihren Lohn erhalten. Den verdienten Applaus. Können daraus ein wenig Kraft schöpfen für die nächsten Minuten, den nächsten Kilometer.

Ihr lieben Zuschauer am Straßenrand, allein um euch wieder zu erleben, werde ich gewiss immer wieder und wieder laufen.

Aber heute habe ich leider keine Zeit, euch länger genießen zu dürfen. Ich muss weiter, denn ich habe noch ein gutes Stück Weges vor mir.

Kilometer 27

Immer noch zieht das Band der Straße sich weiter hin, zeigt überdeutlich und gnadenlos, dass das nächste Kilometerschild weit entfernt sein muss.

Die Sonne scheint immer wärmer. Unvorstellbar, dass es vor zwei Stunden noch richtig frisch war. Dass ich sogar mit dem Gedanken liebäugelte, mit Jacke loszulaufen.

Mit einem Mal verspüre ich einen ungeheuren Durst.

Warum denn das jetzt? Muss das sein? Die letzte Verpflegungsstelle liegt doch noch gar nicht allzu lange zurück.

Dennoch, ich habe das Gefühl, seit dem letzten Schluck seien bereits Stunden vergangen.

Allerdings wird es wohl noch ein Weilchen dauern, bis es wieder etwas zu trinken gibt.

Um nicht mehr an den nagenden Durst zu denken, versuche ich, mich abzulenken. Ich nehme mir vor, gar nicht ans Trinken zu denken. Lieber schaue ich mir die Zuschauer am Straßenrand an, beschäftige mich damit, mir zu den einzelnen Personen Gedanken und Vorstellungen zu machen.

Zum Beispiel diese Frau dort vorne, warum ist sie hier? Läuft heute jemand mit, den sie kennt, oder ist es nur Interesse an dem Ereignis?

Und da, diese Gruppe an ihrem Klapptisch, die feiert wohl einfach nur. Genießt das schöne Wetter, und dass sie in Ruhe dort sitzen und ihren Frühschoppen trinken kann, während wir uns nebenan auf der Straße abzappeln.

Dann sollen sie es sich mal schmecken lassen. Sie lassen laufen, und ich laufe lieber selbst. Solange sie mich nicht mit monotonem Hopp-Hopp-Hopp-Gerufe nerven, gönne ich ihnen den Schoppen von Herzen.

Da, zwischen den großen Gestalten, das Kind, wie es herzhaft in einen Apfel beißt.

Verdammt, da ist er wieder, der Durst! Dabei hatte ich ihn gerade vergessen geglaubt. Hätte ich doch nur diesen Biss in den Apfel nicht gesehen.

Oh, ich schmecke förmlich mit, spüre, wie die Zähne sich durch die etwas festere Schale in herrlich saftiges Fruchtfleisch beißen. Fühle, wie der Saft des Apfels an den Seiten in den Mund läuft.

Weißt du, wie unglaublich lecker so ein Apfel schmecken kann, Lebensgeister zurückrufen und neue Energie spenden kann? Ich erinnere mich genau.

Es ist noch gar nicht so lange her.

Ein Sonntagmorgen, ein gemeinsamer Lauftermin mit meinem Freund Bernd. Eigentlich wollten wir gar nicht sehr weit laufen, eine gute Stunde vielleicht, hatten wir uns vorgenommen.

Dann aber, nach einer Weile des Laufens, lichtete sich der Nebel, der uns die ganze Zeit die Sicht und den Atem genommen hatte. Die Morgensonne kam immer schöner durch und tauchte die Landschaft in ein warmes, wohliges Licht.

Wir konnten einfach nicht aufhören, beschlossen, aus der kleinen Runde eine mittlere zu machen, die dann sogar zu einer großen Runde wurde.

Ruhiges Nebeneinanderher-Laufen. Den Gedanken nachgehen, über dieses und jenes miteinander reden, warum sollten wir das unterbrechen? Wir fühlten uns gut.

Weiter und weiter führte die Laufstrecke uns von zu Hause fort. Irgendwann, wir waren allmählich auf dem Rückweg, bereits über zwei Stunden unterwegs, kam dann auch dieser Punkt wie bei mir gerade eben. Wir bekamen auf einmal Durst.

Normalerweise pflegen wir bei den längeren Trainingseinheiten etwas zu trinken mit uns zu führen, aber das war ja heute gar nicht vorgesehen gewesen.

Also bekamen wir Durst, und der wurde immer schlimmer.

Da kamen wir an einem idyllisch gelegenen, kleinen See im Feld vorbei, und am Rande dieses Sees lag eine kleine, verwilderte Apfelbaumwiese. Schon von weitem sahen wir in den knorrigen Bäumen gelb und rot die Früchte leuchten.

Keine Frage, dass jeder sich ein, zwei Äpfelchen vom Baum pflückte.

Einen Moment konnten wir innehalten, die Wärme und das sich im See spiegelnde Bild genießen. Dabei ließen wir uns die Äpfel munden. Selten glaubte ich etwas so Köstliches gegessen zu haben. Danach machte der Rest des Weges noch einmal so viel Spaß.

Aber heute gibt es leider keinen Apfel für mich. Leider auch keinen kleinen See, an dessen Ufer sich einen Moment innehalten lässt. Heute gibt es nur das Band der Straße, gesäumt von Menschen, und die Hoffnung, irgendwo weiter da vorne werde es auch wieder etwas zu trinken geben.

Kilometer 28

Eigentlich ist es erstaunlich, wer alles auf solch einer Laufstrecke zu finden ist. So gibt es diverse Läuferpersönlichkeiten, denen man regelmäßig und immer wieder bei den unterschiedlichsten Veranstaltungen begegnet, und die man sogar in so riesigen Menschenmassen wie bei einem großen Stadtmarathon auf Anhieb wiedererkennt.

Schon seit geraumer Zeit halte ich bereits nach solch einem alten Bekannten Ausschau. Ich bin ihm schon häufiger bei Marathonläufen begegnet. Seltsamerweise immer in diesem Bereich zwischen Kilometer 25 und Kilometer 30.

Schon oft habe ich mich gefragt, warum ich den Winker eigentlich immer im gleichen Streckenabschnitt einhole. Ich glaube mittlerweile, er läuft einfach sehr schnell an und hat dann, hier in diesem Bereich der Strecke, seinen ersten Einbruch.

Und tatsächlich, unverkennbar taucht er auch heute plötzlich vor mir auf. Na also.

"Hallo, Winker", denke ich bei mir, ohne den guten Menschen jemals angesprochen zu haben, geschweige denn, ihm seinen von mir verpassten Namen mitgeteilt zu haben. Ich glaube, er würde das auch gar nicht freundlich finden.

Den Namen Winker habe ich ihm gegeben, da er die Angewohnheit hat, beim Laufen eine recht ungewöhnliche Körperhaltung einzunehmen. Insgesamt ein wenig krumm, pflegt er seinen rechten Arm auffällig nach oben zu halten und mit ausgestreckter Hand den Eindruck eines unaufhörlichen Winkens zu erwecken.

Auf diese Weise ist er winkenderweise bei jedem Lauf schon von weitem gut zu erkennen, und für mich persönlich ein gutes Indiz dafür, dass zwei Drittel der Strecke bewältigt sind.

Das erste Mal fiel mir der Winker bei einem hügeligen Waldmarathon auf.

Während eines recht steilen Streckenteils bergauf hatte ich ihn wohl überholt, wobei mir damals diese seltsame Körperhaltung noch gar nicht so sehr aufgefallen war.

Dies sollte sich allerdings anlässlich der nächsten Bergabpassage schlagartig ändern.

Wie ein Wahnsinniger tobte auf diesem Streckenstück besagte Person wiederum an mir vorbei, wild mit dem Arm um sich wedelnd und winkend.

Das wiederholte sich immer wieder – bergauf überholte ich, und bergab raste er dann seinerseits an mir vorbei.

Dieses Treiben ging mir irgendwann derartig auf die Nerven, dass ich einen kräftezehrenden Zwischenspurt einlegte. Ich musste einfach Distanz gewinnen, den Abstand so ausbauen, dass das Katz- und Mausspiel endlich aufhörte.

Das war von der Kräfteeinteilung her zwar sehr unvernünftig, verschaffte mir aber andererseits wieder den Raum, den ich brauchte, um unbeschwert weiterlaufen zu können.

Seitdem ist der Winker mir immer wieder begegnet. Die Überholmanöver haben mittlerweile für mich regelrechten Zeremoniecharakter bekommen. Begegnen wir uns auf der Strecke, so heißt das für mich: Zwischenspurt.

Langsam von hinten heranpirschen, auf ihn aufschließen und dann Gas geben. Einige Minuten pflege ich stets in verschärftem Tempo zu laufen, gleichgültig, wie kaputt ich bin.

Genauso mache ich es natürlich auch heute. Kurz hinter meinem Streckenbekannten angekommen, lege ich einen Zahn zu. Ein Stück zur Seite gewichen, sozusagen aus dem Windschatten heraus, und so schnell es geht vorbeigezogen.

Glücklicherweise fällt mir die Tempoveränderung dieses Mal gar nicht schwer. Ich merke, ich bin gut drauf. In etwas schnellerem Tempo heben sich die Beine und tragen mich weiter. Hallo, ihr Leute am Straßenrand, blast die Tröte, schlagt die Trommel, hier komme ich, ich will weiter, weiter in Richtung Ziel.

Kilometer 29

Wieder stehen die Zuschauer dicht an dicht. Ihr lautes Anfeuern dröhnt infernalisch in den Ohren.

Eine Frau ist darunter, die schwingt eine Ratsche von solch gigantischen Ausmaßen, wie ich nie zuvor eine gesehen habe. Der Lärm, den sie damit veranstaltet, ist ohrenbetäubend. Die steht bestimmt seit Stunden hier, die muss doch mittlerweile halb taub sein.

Und all den Zuschauern, die direkt neben ihr stehen, wird es bei dieser Bedröhnung sicherlich auch nicht langweilig.

Apropos Langeweile. Viele Leute glauben ja noch immer, Laufen sei ein langweiliger Sport.

Man kann diese Einschätzung jedenfalls noch immer häufig vernehmen.

Und dann gar ein Marathonlauf, mit mehr als 40 Kilometern, die bewältigt werden müssen! Das ist deren Ansicht nach der Gipfel der Eintönigkeit. Aber wie kommen die Leute nur zu dieser Meinung?

Ich kann dazu nur sagen, dass es mir beim Laufen noch niemals langweilig geworden ist. Weder im Training noch im Wettbewerb. Jede Laufeinheit hat ihren eigenen Reiz.

Läufst du langsam, dann nimmst du überwiegend deine Umgebung in dich auf. Du kannst die Landschaft beobachten, oder du studierst andere Läufer und Läuferinnen um dich herum.

Auf den heimischen und wohlvertrauten Trainingsstrecken erlebst du dabei ganz intensiv die Veränderungen der Natur.

Wie schön, wenn nach einem langen Winter die weißen Flecken der Buschwindröschen wieder auf dem Waldboden erscheinen, als untrügliches Zeichen dafür, dass endlich der Frühling kommt.

Allmählich wird das Blätterdach des Waldes dichter, und ein sattes Grün im Walde begleitet den Sommer, bis irgendwann das Grün sich mehr zum Gelb zu wandeln beginnt.

Der Herbst mit seinem zauberhaften Farbenspiel beschert bei den Waldläufen ganz neue Sinneseindrücke. Und irgendwann, wenn die Blätter von den Bäumen und Büschen fallen, dämpft die dicke Schicht auf dem Boden deine Schritte und lässt dich fast federnd deine Runden absolvieren.

Dann allerdings heißt es, aufgepasst. Denn ein dicker Stein, der unter der dicken Laubschicht lauert, kann leicht zur Stolperfalle werden. Irgendwann ist es morgens dann zum ersten Mal glatt auf dem Boden. Dann dauert es nicht mehr lange, bis der Winter mit Eis und Schnee Einzug hält.

Aber auch das hat seinen eigenen Reiz.

Ganz anders, wenn das Tempo verschärft wird. Dann wandert das Interesse automatisch mehr nach innen. Du spürst und überprüfst deinen Körper, die Atmung, die Intensität der Belastung und Erschöpfung.

Auch das kann fesselnd und spannend sein und lässt einen Tempolauf zu einem ganz besonderen Ereignis werden.

In jeder Form und Geschwindigkeit des Laufens tauchen andere Dinge und Erscheinungen auf, die einen zu beschäftigen vermögen.

Oh, nein, Laufen ist alles andere als langweilig. Und so ein Stadtmarathon sowieso nicht. Hier findet derartig viel Rummel und Action statt, die Menschen am Straßenrand, die Musikgruppen von Zeit zu Zeit, ständig erlebt man Neues.

Immer öfter finden sich in letzter Zeit auch ganze Cheerleader-Gruppen am Straßenrand. Die feuern dann zwar am meisten die Jungs der lokalen Footballmannschaften an, aber auch wir anderen haben unser Vergnügen am Gehüpfe und Gekreische der jungen Damen.

Oder natürlich die Menschen, die mit auf der Strecke unterwegs sind. Es ist schon erstaunlich, wer alles Marathon läuft.

Jedes Alter, jede Figur und jeder Menschentyp ist bei einem großen Stadtmarathon vertreten.

Es gibt keine einheitliche Beschreibung für die große Zahl der Teilnehmer. Und genauso unterschiedlich wie die Laufenden selbst, ist die Form, in der sie sich den Zuschauern darstellen.

Da gibt es die ganz Verbissenen, die mit letztem Ehrgeiz unterwegs sind und nur eines im Kopf haben – möglichst schnell ins Ziel zu kommen, koste es, was es wolle.

Deren Aufmachung ist im Allgemeinen eher nüchtern, um nicht zu sagen, langweilig. Mit denen halte ich mich bei der Betrachtung auch gar nicht lange auf, sondern widme mich lieber denen, die das Auge mit farbenfrohen und oftmals phantasievollen Outfits erfreuen.

Allein die verschiedenen Aufdrucke auf den Laufhemden bieten mitunter beste und abwechslungsreiche Unterhaltung:

- Laufgruppe Qualmsocke
- Laufteam Hotzenplotz
- Run for Fun
- Vogel fliegt - Fisch schwimmt - ich laufe!

In unterschiedlichster Form lässt sich die Botschaft fröhlich von den Rückfronten vernehmen.

Nicht, dass diese Spaßvögel ohne sportlichen Ehrgeiz an solch einen Lauf herangingen, das überhaupt nicht, aber ein wenig Freude an allem sollte schon dabei sein.

Immer wieder ein Garant für Freude am Laufen und Spaß auf der Strecke - das Laufteam Hotzenplotz

Als besonders unterhaltsam empfinde ich immer wieder die Einzelanfertigungen. Aufdrucke, mit denen die Träger den Nachfolgenden etwas ganz Besonderes mitteilen wollen. Das sind dann Aufdrucke wie:

- Papi, du schaffst es! Oder zum Beispiel:
- Werner bei seinem 25ten 42er.

Glückwunsch, das ist eine ordentliche Leistung, denke ich mir, mach weiter so, Werner.

Werner läuft allerdings bereits mit hochrotem Kopf, und ich fürchte, seit er seine ersten 42er absolvierte, ist einige Zeit vergangen und er war damals sicherlich einige Kilos leichter.

Aber egal, Werner, ich drücke dir die Daumen, du wirst es auch heute schaffen. Viele derer, die hier am Rande stehen, können sich von deinen Leistungen eine Scheibe abschneiden.

So vergeht mit den Betrachtungen die Zeit.

Sollte das Lauffeld selbst einmal keine Anreize bieten, dann widmen wir uns eben wieder einmal dem Streckenrand.

Und was sich dort abspielt, das ist manchmal schon fast zuviel des Guten.

Besonders in den schwierigen Phasen deines Laufes. Dann vergessen die Zuschauer, dass du einfach erschöpft bist, am liebsten deine Ruhe haben möchtest. Sie schreien und trommeln dich unerbittlich weiter voran.

Es ist nicht möglich, einfach stehen zu bleiben, selbst wenn man es wollte.

Aber wer will schon stehen bleiben? Es gibt nur eine Richtung, immer weiter voran und in Richtung Ziel.

Stetig heben und senken sich die Füße im Rhythmus, von Kilometer zu Kilometer.

Kilometer 30

Es ist noch gar nicht lange her, seit ich an dem Schild mit der Aufschrift 29 vorbeigelaufen bin. Immerzu bewege ich mich weiter voran in stetigem Rhythmus. Aber auf einmal habe ich keine Lust mehr.

Es ist nicht so, dass ich schlagartig erschöpft wäre, ausgepowert von der langen Strecke bis hier.

Nein, ganz im Gegenteil, rein körperlich fühle ich mich noch erstaunlich gut. Aber ich habe keine Lust mehr. Einfach keine Lust.

Oh, dieses Gefühl kenne ich sehr gut. Das habe ich auf längeren Strecken schon öfter erleben können. Und deswegen weiß ich genau, dass ich jetzt nicht das kleinste bisschen nachgeben darf.

Keine Sekunde des Zweifelns ist jetzt erlaubt. Oder womöglich das Tempo verringern oder gar ein paar Meter gehen.

Nein, jetzt hilft nur Härte gegen mich selbst. Alles andere wäre wahrscheinlich der Anfang vom Ende.

Und noch etwas kann mir vielleicht über die nächsten Minuten hinweghelfen. Ein kleiner Trick.

Ich setze mir ein Ziel. Eines, welches kurzfristig erreichbar ist. Das mich ermuntert und anspornt, weiter voranzustreben.

Und bei Erreichen dieses kleinen Zieles setze ich für mich eine Belohnung aus. Ich weiß auch schon, welche.

Kurz nach Vollendung des nächsten Kilometers, direkt hinter der 30-Kilometer-Marke, wird wieder ein Verpflegungsstand auf mich warten. Auf den werde ich mich jetzt konzentrieren.

Ich werde dort nicht nur etwas trinken und ein Stück Banane zu mir nehmen, sondern mir etwas ganz Besonderes gönnen.

Ein wenig von meiner mitgeführten 'eisernen Reserve'. Seit Beginn des Laufes trage ich im Hosenbund eine kleine Tube mit flüssigem Kohlehydratkonzentrat mit mir. Davon werde ich mir ein wenig gönnen.

Solch eine Notration habe ich auf den ganz langen Strecken häufig dabei. Das kann auch mal ein Stückchen Schokolade oder etwas anderes Süßes sein. So etwas im richtigen Moment zu sich genommen, kann bisweilen Wunder bewirken. Die hebe ich mir dann für die schwierigen Passagen auf, als Belohnung und Anreiz.

Vor Kilometer 30 allerdings nehme ich grundsätzlich nichts davon zu mir, eher später oder manchmal auch gar nicht, wenn ich nicht unbedingt etwas brauche. Aber heute werde ich mir ein wenig davon gönnen.

Vor dem Erreichen des Verpflegungsstandes ist das allerdings nicht möglich, denn zu diesem Konzentrat brauche ich unbedingt etwas zu trinken.

Derartig süß und zäh und klebrig ist die Masse, dass mir, so glaube ich, ansonsten Mund und Rachen zusammenkleben würden.

Also muss noch ein wenig gewartet werden. Auch wenn ich gerade eben an einer Wanne mit Wasser vorbeigelaufen bin, die freundliche Zuschauer hier platziert haben, harre ich lieber aus.

Ein Kind hat mir zwar in einem kleinen Becher das Wasser hingehalten, aber von diesen Privatstationen nehme ich lieber keine Getränke entgegen. Es ist wirklich gut gemeint von den Zuschauern, die diese Privatoasen initiieren, aber ich habe so meine Erfahrungen damit gemacht, die mich hier nicht zugreifen lassen. Allzu deutlich kann ich mich an eine Szene aus einer früheren Laufveranstaltung erinnern.

Auch da war es heiß und trocken, und ich hatte einen ungeheuren Durst. Auch damals näherte ich mich einer privaten Versorgungsstelle, wo Kinder aus der Wanne die Becher vollschöpften und dann den Läufern hinhielten. Fast hätte ich mir auch einen gegriffen, da konnte ich gerade noch sehen, wie ein anderer Läufer an der Wanne vorbeilief und im Vorbeilaufen seine verschwitzte Mütze in die Wanne tauchte, um sie dann zu Kühlungszwecken wieder aufzusetzen.

Entsetzlich, mir verging schlagartig der Appetit auf das Wasser.

Wie viele mochten hier ihre stinkenden und verschwitzen Kappen schon hineingetaucht haben?

Und davon sollte ich trinken? Unmöglich.

Seitdem nutze ich solche Privatstände zwar gerne zur Kühlung, aber mit Sicherheit nicht zum Trinken.

Außerdem beginnt mir ein leises Zirpen in der Luft zu sagen, dass eine erneute Zeitmessung kurz vor uns liegt. Und damit natürlich auch die 30-Kilometer-Marke mit einem hoffentlich schweißfreien Getränkestand.

Kilometer 31

Die vorletzte offizielle Zwischenzeit ist soeben ermittelt worden. Für mich standen zwei Stunden und 25 Minuten auf der großen Uhr. Die nehme ich als Vorgabe mit auf die letzten 12 Kilometer.

Betrug ist heute ausgeschlossen. Im Zeitalter der Elektronik wird selbst der Marathonlauf unbestechlich. Das war nicht immer so. Schon oft ließ sich bei den Laufveranstaltungen im Nachhinein feststellen, dass kräftig und nach allen Regeln der Kunst geschummelt worden war.

Der Phantasie bezüglich der anzuwendenden Möglichkeiten sind kaum Grenzen gesetzt gewesen. Solch eine lange Strecke lässt sich nun einmal nicht durchgängig überwachen und kontrollieren.

Und so wurde ein Zwischenstück ganz einfach auch mal mit der S-Bahn zurückgelegt, während sich die anderen durch den Straßenstaub quälten. Drei Stationen weiter stieg man flugs wieder aus der Bahn aus und in das Rennen ein. Das Ergebnis war dann eine Super Endzeit. Glückwunsch, Tusch und eine neue Bestzeit notiert. Bis, ja, bis dann vielleicht durch einen Zufall alles aufflog.

Heute, mit dem Chip an den Füßen, würde das Ergebnis anders aussehen. Zwar stünde die gleiche sensationelle Endzeit im Ergebnisprotokoll, die Auswertung würde allerdings Rätsel aufgeben.

Denn da käme heraus, dass die erste Hälfte des Marathonlaufes noch ganz passabel in knapp zwei Stunden absolviert wurde. Die glorreiche Wandlung und Mutation zum Spitzensportler, zum Ausnahmeathleten, die ereignete sich in der zweiten Streckenhälfte.

In unglaublichen 42 Minuten wurden die letzten 21 Kilometer durcheilt.

Einen Tusch gäbe es vielleicht noch, aber dann hieße es unmissverständlich – Disqualifikation.

Ist es das wirklich wert?

Verstehen kann ich das sowieso nicht, wie man bei so einer Veranstaltung überhaupt auf die Idee kommen kann zu mogeln. Die überwältigende Anzahl aller Teilnehmer entstammt doch dem Freizeitsport. Hier geht es um nichts außer der Freude an der persönlichen Leistung.

Jeder läuft nur für oder auch gegen sich selbst, je nachdem, wie man es betrachtet. Wie kann man sich nur selbst so hinters Licht führen?

Und ob die anderen die vorgetäuschte Leistung glauben, das mag auch noch dahingestellt sein. Meine Lauffreunde wissen alle ganz genau, was ich so etwa leisten kann.

Wenn ich da auf einmal mit einer Endzeit von zwei Stunden 50 ankäme, da wüsste doch jeder, dass irgendetwas nicht mit rechten Dingen zugegangen ist.

Aber auch im Bereich der Spitzensportler kann ich das nicht nachvollziehen. Gut, es geht um den öffentlichen Ruhm und mittlerweile auch um viel Geld, aber trotzdem.

Es muss wohl so sein, dass es in der Natur des Menschen liegt, immer wieder zu versuchen, den natürlichen Gegebenheiten ein wenig nachzuhelfen.

Das war schon in den grauesten Vorzeiten des sportlichen Wettkampfes so. Und wenn ich daran denke, was damals so alles versucht wurde.

Besonders lustig finde ich die Geschichte, die sich bei einem ganz frühen Marathonlauf in Griechenland, dem Mutterland dieses Sportes, ereignet haben soll.

Ein Läufer, müde des Laufens und der langen Strecke überdrüssig, ließ sich ganz gewitzt ein gutes Stück des Weges auf einem Eselskarren mitnehmen. In der Nähe des Zieles angelangt, sprang er flugs vom Karren wieder herunter, sauste unverdrossen ins Stadion und überquerte unangefochten als Erster die Ziellinie. Darauf ließ er sich ausgiebig von den begeisterten Massen als Sieger feiern.

Aber auch damals, denn sonst wüssten wir davon heute gar nichts, flog der Trick auf, und mit der Feierei war es schnell vorbei.

Solch eine dreiste Aktion wäre bei der heutigen Medienpräsenz natürlich nicht mehr möglich.

Schwer vorstellbar, daß die führenden Drei beim New-York-Marathon sich von Kilometer 25 bis 35 auf der Ladefläche eines Kleinlasters durch die Stadtviertel fahren ließen.

Natürlich wäre das Fernsehen live dabei. Wenn zwischen den zahlreichen Werbeblöcken kurz einmal Zeit für den Sport ist, könnte mitverfolgt werden, wie die drei sich angeregt unterhalten, um irgendwann wieder abzusteigen und die letzten Meter ins Ziel zu rennen.

Nein, das geht nicht und das wollen die Allermeisten von uns auch überhaupt nicht.

Dann lieber eine Stunde länger unterwegs und am Abend das Bewusstsein, sich die schmerzenden Knochen auf ehrliche Art und Weise erworben zu haben.

Kilometer 32

Fast schon mechanisch trabe ich dahin. Automatisch heben und senken sich die Füße im Rhythmus des Laufes. Immer wieder und immer wieder. Ein Fuß vor den anderen.

Genau so wie meine Füße über die Straße, stolpern in meinem Kopf verschiedenste Gedankenfetzen umher, ohne dass irgendwo ein roter Faden zu erkennen wäre.

Es tut sich nichts. Nicht in mir und auch nicht um mich herum. Ich bewege mich in einem lockeren, verstreuten Läuferfeld. Es ist reichlich Platz vorhanden, und jeder trabt für sich dahin.

Es ist wie Laufen im Niemandsland. Passend dazu sind auch so gut wie keine Zuschauer am Rande der Strecke zu sehen, die ein wenig zur Abwechslung beitragen könnten.

Nichts, nur Laufen, immer wieder ein Fuß vor den anderen. Auch die Läufer und Läuferinnen um mich herum bieten keinerlei zusätzliche Anreize. Alle sind völlig normal.

Keine aufsehenerregenden Gestalten, wie sie manchmal auf der Strecke zu finden sind. Teilnehmer, die allein durch ihr Verhalten oder das Outfit bereits für Abwechslung sorgen.

Wie zum Beispiel der Mann, dessen Gesicht ich noch niemals gesehen habe. Nicht etwa, weil er immer vor mir herlief, sondern weil er beim Marathonlauf stets einen Motorradhelm zu tragen pflegte. Ja, wirklich, der hat den ganzen Lauf über einen Helm auf, und mehr als einmal bin ich ihm unterwegs schon begegnet.

Als ob das nicht schon genügte, lief er immer, wenn ich ihn bisher sah, auch noch barfuß. Offensichtlich hat er seinen Bekleidungsschwerpunkt in die oberen Körperregionen verschoben.

Ob er auf diese Weise jemals das Ziel erreichte, weiß ich allerdings nicht.

Heute habe ich ihn noch nicht erblickt. Das ist mir aber auch völlig egal. Ich habe mit mir selbst genug zu tun. Weiter geht es, Schritt für Schritt. Es ist heiß, eigentlich zu heiß. Auch ohne Helm bin ich schwer am Schwitzen.

Alle um mich herum scheinen genauso gefangen in ihrem Rhythmus wie ich selbst. Wer sich jetzt hier um mich herum befindet, hat in diesem Bereich üblicherweise auch keine großen Probleme.

Wer fast 32 Kilometer durchschnittlich in einem Tempo von 4 Minuten 25 gelaufen ist, der weiß, was er tut. Der hat sich die Kräfte richtig eingeteilt und muss hier noch nicht kämpfen.

Das kommt noch, irgendwann, jenseits der 35-Kilometer-Marke. Beim einen früher, beim anderen später. Kommen wird dieser Moment in jedem Fall. Jeder hier weiß das genau.

Vielleicht lässt diese Phase sich ja ein wenig hinausschieben, wenn man jetzt ruhig und vernünftig das derzeitige Lauftempo weiter abspult. Wenig Worte wechseln, Kräfte sparen. Die Gedanken ein bisschen wandern lassen. Und immer weiter laufen.

Kilometer 33

Da, ein Stückchen voraus sehe ich mal wieder etwas, was mich für kurze Zeit aus meiner Lauflethargie herausreißt. Endlich stehen wieder einige Leute am Straßenrand.

Ein Schild wird dort vorne hochgehalten, von einer Frau, die mit zwei kleinen Kindern am Streckenrand steht. Ein Junge und ein Mädchen sind es wohl, vermute ich aus der Entfernung. Beide irgendwo um die sechs bis acht Jahre alt, schätze ich.

Was steht bloß auf dem Schild? Das interessiert mich. Ich versuche, im Näherkommen die Schriftzeichen zu entziffern. Da, jetzt kann ich es lesen, ach wie schön, das gefällt mir aber gut.

“Papa, du schaffst es!”, ist zu lesen.

Das bewegt mich. Eine tiefe Gefühlswelle durchfährt mich. Das kenne ich aus meiner eigenen Erfahrung. Vor gar nicht langer Zeit war das bei mir selbst noch so.

Ganz aufgeregt waren Niklas und Florian, wenn ich an einem Laufwettbewerb teilnahm.

Und wie schön, wenn sie gemeinsam mit Inka an der Strecke standen, um mich anzufeuern.

Wie habe ich diese Begegnungen genossen. Und dann erst im Ziel, wenn ich es geschafft hatte.

Ich kann mich noch genau erinnern, wie es war, wenn die Kinder im Ziel standen, mich aufgeregt erwarteten und mich dann, nassgeschwitzt, wie ich ankam, in die Arme schlossen.

Wie stolz sie dann waren, mir meine Sachen hinterher trugen, mir Getränke besorgten und sich um mich kümmerten.

Wie besorgt sie andererseits auch waren, dass es ihrem Papa gut geht.

Vor allem aber erinnere ich mich gerne daran, wie wir uns gemeinsam gefreut haben.

Auch diese zwei stehen hier, sind stolz auf ihren Papa, warten auf ihn, werden schreien und sich freuen, wenn er an ihnen vorbeilaufen wird.

“Lieber unbekannter Papa, ich rate dir Eines, genieße es. Heute beneide ich dich. Ich wünsche dir von Herzen, dass du diesen Lauf so gut überstehst, wie du es dir vorgenommen hast. Und spare dir genug Kraft auf, um dich mit deiner Familie nachher im Ziel über den gemeinsamen Erfolg freuen zu können”.

Ein gemeinsamer Erfolg ist es allemal. Ich denke, kein Familienvater oder keine Mutter würde sich ohne die Unterstützung des Restes der Familie vernünftig auf einen Marathonlauf vorbereiten können. Alle müssen mitziehen, damit die Sache gut klappen kann.

Und ihr Drei da am Straßenrand, ich danke euch. Habt ihr mir doch für eine ganze Weile des noch vor mir liegenden Weges eine sehr schöne Stimmung mitgegeben.

Ob die Anderen, die hier vorbeilaufen, wohl ebenso empfinden wie ich? Ich denke, alle, die selbst Kinder haben, kennen dieses Gefühl schon. Die übrigen werden dieses Gefühl wohl eher nicht nachvollziehen können. Eigentlich schade für sie. Aber egal, für mich war es einfach schön, und das alleine zählt heute für mich.

Gut gestimmt laufe ich weiter meines Weges, denke an meine Lieben und freue mich auf sie.

Zuerst auf Inka im Ziel, und später dann, zuhause, auf die Jungs.

Kilometer 34

Allmählich kommt der Lauf in die Phase des Verfalls. Immer mehr der Laufenden um mich herum zeigen mittlerweile deutliche Spuren, welche die absolvierten Kilometer in die Gesichter gezeichnet haben.

Auch unsere Haltungsnoten sind sicherlich inzwischen deutlich schlechter als noch vor einer Stunde.

Mit Kraft und Anmut die Strecke durcheilen, um dann im Triumph die Ziellinie zu überqueren, das war ursprünglich unser gemeinsames Vorhaben.

Mittlerweile wurden die Erwartungen mehr und mehr auf das Wesentliche beschränkt. Übrig geblieben ist nur noch, irgendwie ins Ziel zu kommen. Wie, ist fast schon egal, nur das Ankommen zählt.

Nochmals schaue ich nach links, dann nach rechts, um mir meine Mitstreiter zu betrachten. Einige sehen wirklich ziemlich fertig aus.

Sehe ich etwa auch so aus? Müde, gezeichnet, fahl im Gesicht und unterwegs mit schwerem Tritt. Vorsichtig schaue ich an mir herunter. Das würde mir nicht gefallen, ich möchte so nicht aussehen.

Es ist für mich auch ein Widerspruch. Leute, die, wie alle um mich herum, solch eine Leistung erbringen, die 42 Kilometer durch die Stadt rennen, die sollten doch nicht so fertig aussehen? Wir sind schließlich Sportler, durchtrainiert, kraftvoll, oder?

Zugegeben, so richtig kraftvoll fühle ich mich schon seit geraumer Zeit nicht mehr. Mehr und mehr kriecht die Müdigkeit von unten nach oben. Aber ich will nicht.

ICH WILL NICHT!!!

So, ihr lieben Zuschauer, dort vor mir am Rand der Straße. Euch zeige ich es jetzt. Brust raus, Körper gestrafft, die Beine höher – na also, es geht doch noch.

Aber, was muss ich feststellen, die Zuschauer interessieren sich gar nicht für mich. Die sind völlig mit sich selbst beschäftigt. Sie haben es sich bequem gemacht, sitzen in ihren Klappstühlen und grillen dazu. Dabei unterhalten sie sich und prosten sich zu.

Also wirklich, und für euch habe ich mir gerade solch eine Mühe gegeben.

Bautz, da ist es auch schon vorbei. Der Schritt wird wieder kräfteschonend, die gerade Haltung mutiert zurück in die Haltung eines Läufers, der bereits seit über zwei Stunden unterwegs ist. Doch halt, Moment mal, könnte es sein, dass sich voraus etwas Ermunterndes anbahnt?

Noch lasse ich mich nicht ganz in die ursprüngliche müde Haltung zurücksacken.

Und tatsächlich, hinter der nächsten Ecke wird es schlagartig lebendig an der Strecke. Eine Band hat ihre Instrumente am Straßenrand aufgebaut.

Endlich wieder Musik. Ich habe im Moment derartige Seelennahrung auch dringend nötig.

Beim Näherkommen werden die Liedfetzen, die an mein Ohr dringen, lauter und zusammenhängender.

Ja, das brauche ich, spielt, spielt für mich. Meine Schritte werden im gleichen Maß drängender und forscher, wie die Dynamik der Musik wächst, die zu mir schallt.

Bumm – bumm – bumm – Mensch, das ist doch, na klar, die Band, die sich da kurz voraus verausgabt, spielt soeben den alten Hammersong "Rocking all over the World" von Status Quo.

"Yeah, I like it, I like, I la-la-like it – Here we go, rockin' all over the world".

Die Musik dringt in mich ein, wird in pure Energie verwandelt. Fährt in jeden müden Muskel meines Körpers und putscht ihn wieder hoch.

Das ist es, was ich gebraucht habe.

Yeah, I like it.

Rocking all over the world oder Running all over the world. Welche Rolle spielt das schon? Ich bin unterwegs, ich habe Power, und weiter geht's.

Was soll mich jetzt noch aufhalten. Ich stürme Richtung Ziel weiter.

I like it!

Kilometer 35

Genauso schnell, wie die Euphorie Besitz von mir ergriffen hat, verlässt sie mich auch wieder.

Die Müdigkeit kehrt mit Macht zurück. Meine Beine haben keine Lust mehr weiterzulaufen. Sie wollen einfach nicht mehr.

Jetzt kommt es auf die richtige Einstellung an.

Im Moment spielt der Kopf die entscheidende Rolle.

Er sagt den Beinen, dass es weitergehen muss. Weil er, der Kopf, es so haben will.

Manchmal muss man sich einfach weiter voran zwingen, wenn einen die Unlust packt. Das ist im Wettkampf genauso wie im Training, es gibt immer einmal Momente, wo du keine rechte Lust verspürst, weiterzumachen.

Im Training passiert mir das besonders gerne in der kalten und dunklen Jahreszeit. Dann fällt es bisweilen wirklich schwer, die Schuhe anzuziehen und loszutraben.

Wer kennt das nicht, es ist zwar erst fünf Uhr nachmittags, aber trotzdem schon stockdunkel draußen.

Eigentlich hatte ich mir vorgenommen zu laufen. Ich habe mich sogar schon entsprechend umgezogen. Laufhemd, eine warme Jacke drüber, Mütze auf und aus der Tür heraus.

Es trifft mich wie ein Schlag – es ist saukalt, dunkel, und soeben hat es auch noch damit begonnen, leicht zu nieseln.

Spontan drehe ich mich um, strebe zurück in die warme Stube. Bin ich denn verrückt? Was habe ich denn davon, jetzt zu laufen?

Und dann laufe ich trotzdem los. Die ersten Schritte sind mühsam. Ich muss mich zwingen, jetzt weiterzulaufen, obwohl jeder Körperteil unmissverständlich seinen Unmut signalisiert.

Und siehe da, es dauert überhaupt nicht lange, dann fügen sich die rebellischen Bewegungselemente. Der Lauf wird runder, und es beginnt, Spaß zu machen.

Wenn ich erst mal warm gelaufen bin, dann kommt die Lust auf die kleinen Spielchen, die man bei der Dorfrunde im Dunkeln so schön spielen kann.

Zum Beispiel die Laternensprints. Von der einen bis zur nächsten Laterne volle Lotte durchrennen – run as you can.

An einem normalen, hellen Abend solcherart mit heraushängender Zunge durch den Ort zu hecheln, das ginge schlecht. Die Leute würden mich schlichtweg für durchgedreht halten.

Aber jetzt, bei Dunkelheit, da geht das ganz wunderbar. So vergehen Minute für Minute und Kilometer für Kilometer.

Und dann, nach dem Abendlauf, wenn ich zurückkomme, dann kann ich mir gar nicht mehr vorstellen, dass ich vorhin nicht loslaufen wollte.

Am liebsten würde ich noch weiterlaufen, wäre da nicht diese Verabredung nachher zum Pizzaessen.

Pizzaessen? Soeben habe ich einen taktischen Fehler begangen, ich hätte nicht daran denken sollen (ich habe plötzlich Hunger, entsetzlichen Hunger.

Und Durst habe ich auch, elenden Durst. Wann gibt es endlich etwas zu trinken? Ich muss schon kurz vor Kilometer 35 sein, da wird es doch wohl etwas zu trinken geben.

Jawohl, da vorne ist das Kilometerschild, vielleicht noch 100 Meter bis dorthin. Aber wieso sehe ich nichts von den Verpflegungstischen?

Das können die nicht machen. Das stinkt mir gewaltig. Ich habe einen geradezu grauenhaften Durst.

Und ich erreiche die 35-Kilometer-Marke, ohne dass Besserung in Aussicht ist.

Kilometer 36

Ich bin müde, ich bin durstig, und ich bin jetzt auch richtig sauer. Ich habe Durst und bekomme nichts zu trinken.

Schließlich habe ich einen Haufen Startgeld bezahlt, um heute dabei zu sein. Dafür hätten die hier wirklich einen Verpflegungsstand aufstellen können. Nicht irgendwo, da, wo es denen gefällt, nein, hier. Genau da, wo ich eben gerade bin, brauche ich zu trinken, jetzt! Das ist gemein, macht mich zornig. Ich glaube, das machen die mit Absicht. Die können sich ja gar nicht vorstellen, wie das ist, die Beine so schwer, ich soo müde und vor allen Dingen so entsetzlich durstig.

Und immer noch nichts von einem Getränkestand in Sicht, das gibt es doch nicht. Wir sind schon mehr als eine Minute hinter der Kilometer-Marke 35, und es gibt immer noch nichts zu trinken? Allmählich kriecht die Verzweiflung in mir hoch.

Da vorne geht es, wie es scheint, um eine Kurve. Wenn dann nichts zum Verpflegen kommt, dann - tja, was dann? Ich weiß auch nicht. Es muss einfach endlich soweit sein. Und tatsächlich, hinter der Kurve tauchen endlich die ersehnten Tische mit den Getränken auf.

Ich bin ja so erleichtert. Einen Becher Tee, dann, ein Stückchen weiter, gleich noch mal einen Schluck Iso-Getränk. Ein Stückchen Banane hinterher, soviel Zeit muss sein.

Dann aber geht es ohne längeres Verweilen weiter, bloß nicht zur Ruhe kommen, denn dann komme ich nicht mehr los.

Ein Glas Wasser greife ich mir noch, allerdings nicht zum Trinken, sondern ich kühle mir mit dem Wasser Genick, Gesicht und meine Handgelenke.

Etwas schwerfällig setze ich mich wieder in Bewegung, versuche, wieder in einen vernünftigen Laufrhythmus zu kommen.

Es fällt ja so schwer, und die Banane liegt mir im Magen. Aber, immerhin, die nächste Etappe ist geschafft, der Rest der Strecke wird, auch wenn es noch so mühsam vorangeht, immer kürzer.

Kilometer 37

Endlos lange Straße. Hitze. Durst. Müdigkeit. Meine Beine wiegen Tonnen. Ich bin erschöpft.

Grölende Menschen am Rand der Strecke, die mich einfach nicht in Ruhe lassen wollen.

Warum mache ich das hier eigentlich? Mir kommt es vor, als würde ich nur noch schleichen. Die Beine lassen sich nur widerwillig zum Weiterlaufen animieren. Ein wenig komme ich mir vor, als befände ich mich in einem Alptraum. Einem Traum, den ich schon häufiger geträumt habe.

In diesem Traum geht es mir auch immer so, dass ich vorwärts kommen möchte, es aber kaum schaffe.

Die Füße kleben dann förmlich auf dem Asphalt fest. Nur unwillig lassen sich die Beine heben.

Fast könnte man glauben, der Asphalt sei nicht fest, sondern eine zähflüssige Masse, die sich gallertartig unten an meinen Schuhsohlen festsaugt. Genauso, wie es mir jetzt geht.

Manchmal träume ich, ich läge bei einem Rennen ganz weit vorne. Ich führte das Feld an, alles läuft super, und dann käme ich auf einmal einfach nicht mehr weiter voran.

Mit den Händen versuche ich, mich an Geländern, Laternenpfählen oder Ähnlichem voranzuziehen, während die Verfolger immer näher von hinten herankommen.

Unaufhaltsam schmilzt der Vorsprung dahin, bis ich, fast eingeholt, schließlich schweißgebadet aus meinem Traum hochschrecke.

Aber heute träume ich nicht, alles um mich ist wirklich, auch die Müdigkeit und die widerwilligen Beine.

Meter um Meter arbeite ich mich so vorwärts. Ich werde durchlaufen. Ich werde ankommen. Egal wann, egal wie.

Ich habe mir ein schönes Zeitpolster erarbeitet. Selbst wenn ich den Rest der Strecke gehen müsste, käme ich noch in weniger als vier Stunden an.

Ich schaue auf die Uhr. So langsam bin ich doch überhaupt nicht. Wie ein Uhrwerk bleibe ich in meinem Rhythmus. Nur fällt es immer schwerer, kostet Energie und Selbstüberwindung.

Ich will weiterlaufen. Ich will das Ziel erreichen

Die fünf Kilometer, die mir noch fehlen, sind gerade mal so weit wie meine kleinen Morgenrunden, die ich manches Mal im Training laufe.

Und die schaffe ich immer. Diese fünf Kilometer vergehen immer ruckzuck. Nur noch dieses vergleichbare Stückchen Weg habe ich heute vor mir. Das schaffe ich.

Auch wenn es mir alles langsam und mühselig vorkommt, irgendwann wird das nächste Kilometerschild auftauchen.

Und dann wird die Zahl 37 darauf stehen.

Kilometer 38

Ich glaube, ich bin nun endgültig zum Kopffüßer mutiert. Nur noch Kopf und Beine, dazwischen nichts.

Irgendwie läuft ein Film direkt neben mir ab, von dem ich gar nichts richtig mitbekomme. Da stehen die Zuschauer, mittlerweile wieder ziemlich dicht gedrängt. Es rasselt, dröhnt, trommelt und klappert. Aber all das dringt gar nicht wirklich in mein Bewusstsein durch.

Ich bin nur noch Kopf und Füße. Der Kopf, der unverändert nach unten signalisiert: Weiter, weiter, immer weiter. Und unten dran die Füße, die sich mehr oder weniger mechanisch bewegen. Im Grunde sind sie mittlerweile zu schwer und zu müde, um weiterzulaufen, trotzdem heben sie sich seltsamerweise immer wieder zu einem neuen Schritt.

Irgendwoher kommt mir das Geschehen bekannt vor, dieses ungelenke Rumgeschlabber der Bewegungsteile. Aber woher nur?

Ja, natürlich, das ist wie bei Pinocchio, oder besser noch, wie bei der Augsburger Puppenkiste, mit Bill Bo und seiner Bande.

Genauso, wie deren Beine durch die Lande schlenkern, wenn die Figuren durch die Fäden zum Gehen animiert werden, kommen mir meine Beine vor. Die wollen nämlich gar nicht mehr, haben aber keine Wahl.

Unsichtbare Fäden ziehen sie immer erneut erbarmungslos nach oben, um sie ein Stückchen weiter vorne wieder nach unten fallen zu lassen.

Ich schaue dem Ganzen staunend zu, bis mir dann wieder einfällt, dass ich das ja selbst bin, der sich hier bewegt.

Platsch, das linke Bein auf den Asphalt, platsch, das rechte Bein auf den Asphalt. Immer weiter voran.

Wenn ich jetzt stehen bliebe, ich glaube, dann käme ich nicht wieder in Tritt.

Aber ich bleibe ja gar nicht stehen.

Platsch, links, platsch, rechts, platsch, am nächsten Kilometerschild vorbei. Endlich!

Kilometer 39

Ich schaue auf meine Uhr, es kommt mir vor, als sei ich für den letzten Kilometer endlos lange unterwegs gewesen.

Aber nein. Vier Minuten und 52 Sekunden. Immer noch unter fünf Minuten. Da staune ich aber. Es ist ja kaum zu glauben, wie man mit so einem Platsch-Platsch-Rhythmus doch noch vorankommt.

Das stimmt mich zuversichtlich, ich bin noch gar nicht so langsam geworden, wie ich befürchtet habe. Nein, ich laufe immer noch fast wie geplant. Und bin jetzt, ich schau mal schnell auf die Uhr, tatsächlich, ich bin jetzt schon wieder eine Minute und zwanzig hinter dem letzten Kilometerschild.

Das bedeutet, wenn ich so weitermache wie im Moment, dann habe ich in ungefähr 65 Sekunden bereits wieder die Hälfte des jetzigen Kilometers geschafft, dann geht es in diesem Kilometer auch schon wieder ‚bergab'.

Dann noch zweieinhalb Minuten durchhalten, und es gibt wieder etwas zu trinken.

Ich brauche auch dringend etwas, das merke ich sogleich.

Ich bin total erhitzt, mein Kopf glüht, der Mund ist trocken, ich habe Durst.

DURST!!!

Ich schaue schon wieder auf die Uhr. Oh, nein, erst eine kleine weitere Minute ist vergangen. Aber ich schaffe es bis zum Getränkestand, das befehle ich mir, und dann gönne ich mir auch noch einen letzten Rest von meinem kostbaren Kohlehydrat-Power-Gel.

Das muss dann für den Rest der Strecke reichen, ich taste schon mal im Bund der Laufhose nach der halbleeren Packung. Alles klebrig, von Schweiß, Gel und Getränkeresten, die ich mir von den Händen an der Hose abgewischt habe.

Völlig egal, das Zeug kommt sowieso komplett in die Wäsche, ich freue mich auf die Dusche – aber die ist noch weit weg.

Jetzt freue ich mich zuerst einmal auf Tee, auf einen einfachen Schluck Tee. Da sehe ich auch schon das nächste Kilometerschild. 39 steht darauf, oh Gott, irgendwie fällt mir erst jetzt auf, dass es noch gar nichts zu trinken gibt. Das dauert ja noch einen Kilometer.

Entsetzlich!

Wie soll ich das schaffen?

Ich könnte verzweifeln, ich kann nicht mehr. Aber das hilft mir nicht. Ich muss noch können, und ich werde auch weiter laufen können. Irgendwie schaffe ich auch das noch.

Schwerfällig schleppe ich mich an dem Kilometerschild vorbei, welches mich so bitter enttäuscht hat.

Kilometer 40

Und weiter geht es im Zockeltrab. Lange vorbei sind die Zeiten, als ich glaubte, locker durchlaufen zu können. Irgendwann wird es nun einmal immer schwer. Nur musste es denn gleich gar so schwer werden?

Aber, irgendwo im Hinterkopf, da weiß ich, trotz all der momentanen Plackerei, es wird auch wieder besser werden. Jetzt gilt es nur, durchzuhalten. Durch diese in immer kürzeren Abständen kommenden Schwächephasen muss man einfach durch.

Jetzt brauche ich Hilfe, Hilfe von den Zuschauern.

Wenn sie mich jetzt alleine lassen, dann bleibe ich stehen.

Neben mir geht es einem Läufer noch deutlich schlechter als mir. Etwa zehn Meter vor mir hört der auf einmal auf zu laufen, geht nur noch langsam weiter.

Vom Streckenrand feuern ihn die Menschen an, wollen, dass er weiterläuft.

Sie ermuntern ihn, wollen ihn wieder in Bewegung bringen. Ich beziehe das einfach alles auf mich.

Ich raube mir aus den Zurufen die notwendige Anfeuerung für mein Weiterkommen.

Ich will die Leute nicht enttäuschen, ich versuche sogar, wieder etwas Haltung in meinen Laufstil zu bekommen. Ich weiß, ich muss nur weiterlaufen, dann kommt die nächste Verpflegungsstelle ganz von alleine. Irgendwo vor mir muss sie sein, dort wird es etwas zu trinken geben. Ich habe solchen Durst!

Ein Blick auf meine Uhr gibt mir die Gewissheit, bereits über drei Minuten sind seit dem letzten Kilometerschild vergangen.

Mehr als die Hälfte dieses Kilometers müsste ich somit bereits wieder geschafft haben. Wenn ich doch nur ein Stück auf der Strecke voraus sehen könnte, vielleicht ist es ja gar nicht mehr so weit.

Ich versuche mit allen Mitteln, mich abzulenken, nicht an die müden Beine zu denken.

Ich spiele ein Spiel in Gedanken, versuche, zum Rhythmus meiner Schritte einen Liedtext zu erfinden.

Ich muss mich einfach irgendwie über die Zeit retten. Wenn ich erst mal etwas zu mir nehmen kann, dann geht es bestimmt gleich wieder besser.

Und wenn ich mit Laufen aufhöre, dann komme ich überhaupt nicht zu der Verpflegungsstation. Da will ich aber hin.

Also weiter, immer weiter. Ich will jetzt endlich da sein!

Ein erneuter Blick auf die Uhr.

Vier Minuten sind vergangen. Ich schöpfe Hoffung. Ich schaffe es. Ich will es schaffen. Hoch, ihr Füße, tragt mich weiter.

Und tatsächlich, mir scheint, da liegt ein Zirpen und Flirren in der Luft.

Bitte, sei keine Illusion, sei wirklich.

Und das Flirren wird lauter, ich bin fast da, fast bei Kilometer 40. Da wird noch einmal die Zeit gemessen.

Noch nie habe ich mich über das unmelodische Piepsen so gefreut wie jetzt.

Piep, piep, piep – immer deutlicher ist das Piepen der Zeitnahmeschleifen auf der Straße zu hören.

Ach, wie liebe ich dieses Geräusch. Es kündet zweifelsfrei an, dass ich gleich 40 Kilometer bewältigt habe.

Und da liegen sie auch schon, die roten Teppiche, quer über der Straße. Ich laufe darüber. Das Piepsen, welches ich auslöse, vermischt sich mit dem anderer zu einem unglaublichen Geräuschteppich.

40 Kilometer sind geschafft.

Kilometer 41

Zum Glück stehen direkt hinter der Zeitnahme die langen Reihen der Verpflegungstische mit den erlösenden Getränken.

Links und rechts der Straße sind sie aufgebaut und warten auf mich und die anderen um mich herum. Endlich! Ohne große Umstände stürze ich mich darauf.

Jetzt ist es zum Glück auch deutlich ruhiger an den Verpflegungsstellen als in der ersten Hälfte des Laufes.

Ich gönne mir eine kurze Verschnaufpause und laufe nicht sofort weiter, nachdem ich mir den ersehnten Becher gegriffen habe.

Gleichwohl bleibe ich in Bewegung. Stehen zu bleiben wäre, sportlich betrachtet, Selbstmord.

Allerdings erlaube ich mir, die nächsten Meter zu gehen.

Dabei gönne ich mir mein letztes Restchen Gel, welches ich mit einem kräftigen Schluck Wasser herunterspüle.

Bevor es richtig weiter geht, schnappe ich mir auch noch ein Scheibchen Banane und einen halben Becher isotonisches Getränk.

Es wirkt Wunder, ich spüre die Lebensgeister zurückkehren.

Genug pausiert, weiter geht es. Das war definitiv die letzte Verpflegungsstelle für heute, der Treibstoff muss nun bis ins Ziel reichen.

Noch gut zwei Kilometer liegen vor mir. Das ist zu schaffen, das ist gerade mal so weit wie das letzte Stück Feldweg auf meiner Trainingsstrecke zu Hause.

Und dieses Stück habe ich bisher schon unzählige Male bewältigt.

Also schaffe ich das auch hier und heute. Ein wenig schwer fällt es allerdings schon, wieder ins richtige Tempo zu kommen.

Doch schon traben sie wieder, die treuen Beine.

Das Getränk hat mir wirklich gut getan. Ich beginne wieder, den heutigen Lauf zu genießen.

Ich habe das Gefühl, die Kraft kehrt zurück. Aber bloß nicht übermütig werden jetzt. Auch zwei Kilometer müssen erst einmal gelaufen sein.

Und das Kopfsteinpflaster, welches nun die Strecke ziert, das behagt mir gar nicht.

Verdächtig flattert der Muskel in der rechten Wade. Das kenne ich. Das ist nicht gut, das kann leicht zum Krampf werden. Nur das nicht. Nur kein Krampf, jetzt, wo ich auf einmal wieder Kraft habe, motiviert und mit neu erwachter Freude am Laufen bin.

Da, schon wieder. Verdammt, das darf nicht sein. Im linken Oberschenkel glaube ich, Ähnliches zu spüren. Alarm!

Sofort einen Gang zurück. Im Laufen versuchen, den Wadenmuskel zu dehnen. Das mag zwar für die Zuschauenden sehr komisch aussehen, aber das ist mir im Moment völlig egal.

Hauptsache ist, es hilft.

Es muss weitergehen. So nah beim Ziel will ich mich nicht mehr aufhalten lassen. Ich will es schaffen, und ich werde es schaffen. Immer wieder lasse ich diesen Gedanken auf mich wirken. Ich werde es schaffen!

Dabei staune ich, wie viele der Läuferinnen und Läufer jetzt noch stehen bleiben, erschöpft den Lauf unterbrechen, möglicherweise sogar abbrechen.

So weit gekommen und dann aufgeben? Das tut verdammt weh. Nicht nur körperlich, sondern vor allen Dingen auch seelisch. Nein, das kommt für mich nicht in Frage.

Ich werde das Ziel erreichen, egal wie. Und wenn ich die letzten zwei Kilometer krabbeln muss.

Ach, es sind gar keine zwei Kilometer mehr. Mit jedem Schritt, den ich mache, wird das verbleibende Stück immer kürzer.

Ich liege so gut in der Zeit, knapp über 3 Stunden jetzt, das würde ich sogar kriechend schaffen.

Aber wieso denn kriechen? Den verflixten Krampf lasse ich nicht zu.

Und ich meine, es geht schon wieder.

Vorsichtig horche ich in meine Muskeln, in meine Beine hinein. Alles wieder in Ordnung. Beruhigende Signale kommen zurück. Da habe ich noch mal Glück gehabt, keine Zwangspause, nein, weiter nach vorne. Es gibt nur eine Richtung, vorwärts. Und in der geht es mit neuem Mut weiter.

Links und rechts der Strecke wird die Menschenmenge immer dichter. Es ist zu spüren, dass wir dem Ende des Laufes allmählich näherkommen. Die Leute jubeln, feuern an.

Es ist nicht mehr weit. Die Zeit vergeht wieder schneller, nicht mehr so quälend langsam wie noch vor wenigen Minuten, als bei jedem Blick auf die Uhr gerade mal eine Minute vergangen war.

Da vorne ist es schon. Das Schild, auf dem deutlich zu erkennen eine 41 prangt.

Endlich, es geht in die letzte Runde.

Los geht's! Ich freue mich aufs Ziel.

Fast mühelos, so scheint es mir, renne ich an dem Schild vorbei.

Hans
Km 41

Kilometer 42

Ich bin beflügelt, die Beine trommeln über die Strecke. Ich staune, was ich auf einmal noch für Kräfte freisetzen kann.

Es ist unglaublich. Ich fühle mich wie neugeboren. Gar nicht vorstellbar, dass ich vor noch gar nicht langer Zeit zäh wie ein ausgekauter Kaugummi am Asphalt zu kleben schien, dass die Füße kaum mehr von der Straße hochkamen.

Das alles ist abgehakt, das gehört dazu. Ohne das Leiden auf der Strecke wäre die Freude nur halb so schön. Aber noch bin ich nicht da.

Bloß nicht zu sehr übertreiben und leichtsinnig werden, warne ich mich selbst, es kann immer noch ins Auge gehen.

Am Straßenrand stehen die Menschen dicht gedrängt und in mehreren Reihen hintereinander.

Ihr Anfeuern ist Musik für mich. Mit jedem Schritt komme ich dem ersehnten Ziel näher. Ich fühle mich gut.

Ich weiß, heute habe ich mir die Kräfte gut eingeteilt. Ich bin nun fast ganz sicher, gut anzukommen, und es geht immer weiter voran.

Ich denke bereits mal kurz an Inka im Ziel. Hoffentlich ist sie da und sieht mich, wenn ich ankomme. Sieht, wie gut ich drauf bin.

Ganz entfernt glaube ich schon die Lautsprecher zu hören, die die Ankommenden im Ziel begrüßen. Wie viele sind hier heute schon durch gelaufen? Haben sich hier, so kurz vor dem Finish, genauso wie ich gefreut und dieses letzte Stück genossen.

Nicht wenige werden sich hier allerdings auch mit letzter Kraft vorbei gequält haben. Auch das kenne ich aus eigener Erfahrung sehr gut. Dieses Gefühl, wenn die letzten Meter endlos werden, das Ziel vor dir wegzulaufen scheint, sich immer weiter entfernt, anstatt näher zu kommen.

Heute nicht, heute lasse ich es richtig krachen zum Schluss. Das tut so unendlich gut. Leute, ich komme! Nichts kann mich jetzt noch aufhalten.

Ist er das? Der Kick, den wir Läufer angeblich suchen?

Die Ausschüttung der Endorphine, die uns während des Laufes angeblich abheben lassen soll?

Wenn dem so ist, dann ist dieser Kick schwer erarbeitet und der Lohn für mühselige Plackerei unterwegs. Aber ich glaube nicht daran. Nicht immer geht es so wie heute. Nicht immer stellt sich solch ein erfrischendes und durchdringendes Glücksgefühl zum Ende hin ein.

Heute hat ganz einfach alles gepasst. Es lief im wahrsten Sinn des Wortes gut für mich. Und das genieße ich in diesem Moment ausgiebig.

Das nehme ich mir mit bis ins Ziel, und das dürfte mittlerweile wirklich zum Greifen nahe sein.

Da vorne, da geht es noch einmal scharf um die Ecke, und dann wird das Zielband zu sehen sein, das weiß ich.

Deutlich ist schon die Stimme aus den Lautsprechern zu vernehmen. Verstehen kann ich das Gesagte zwar noch nicht, aber das ist mir völlig egal. Was viel wichtiger für mich ist – soeben habe ich das letzte Schild am Streckenrand passiert, welches mit dem dicken Aufdruck 42 grüßt.

Im Ziel

Und direkt hinter dieser letzten Streckenmarkierung geht es um die Kurve. Endlich ist das ersehnte Ziel in Sicht. Das große Gerüst, quer über die Breite der Straße, auf dem in riesigen Lettern Ziel zu lesen ist.

Noch knapp zweihundert Meter liegen vor mir. Das Toben um mich herum ist ohrenbetäubend. Als hätten sich alle Musikanten von unterwegs hier zum Schlussakkord vereint, so trötet, klatscht und dröhnt es um mich herum.

Ich sehe bereits das Zielband, das große Marathontor, durch das ich gleich laufen kann.

Ich freue mich, jubele innerlich, weiß, ich habe es wieder einmal geschafft.

Die anderen um mich herum nehme ich gar nicht mehr wahr. Diesen Moment genießt jeder für sich. Jetzt endlich bin ich ganz sicher und gebe die Zügel endgültig frei. Noch einmal wird ein Zahn zugelegt.

Ich renne auf das Ziel zu. Da, von rechts, mein Name wird laut gerufen. Die Hand zum Winken geht schon hoch, bevor ich erkenne, wer da ruft. Hurra, es ist Inka, super, dass sie auch hier ist.

Sie winkt, ich winke im Vorbeilaufen zurück. Gleich ist es geschafft, gleich können wir uns in den Armen liegen.

Da will doch tatsächlich noch einer an mir vorbei, kann ich das erlauben? Auch ich lege nochmals zu, Endspurt. Es ist kaum zu glauben, aber die Beine machen auch das noch mit.

Wer zum Schluss vorne ist, ich weiß es gar nicht, vielleicht kommen wir auch gleichzeitig ins Ziel.

Kurz voraus liegen nun die roten Matten. Zum letzten Mal wird die Zeit ermittelt, die Marathonlauf-Endzeit.

Noch wenige Meter – herrlich! Das eigentlich Schöne am Marathonlauf ist, ins Ziel zu kommen. Gezeigt zu haben, was man leisten kann. Den inneren Schweinehund mehrfach besiegt zu haben. Eine Leistung erbracht zu haben, die nur wenige erbringen können, sich etwas zu geben, das nicht mit Geld gekauft werden kann.

Einfach das Glück zu genießen, endlich da zu sein. Egal, als Wievielter du hier ankommst, jede Läuferin und jeder Läufer, der es bis hierher geschafft hat, ist heute Sieger.

Ich bin glücklich, ich bin stolz, ich bin dankbar, und ich bin dabei.

Die Arme gehen hoch, ich überquere die Ziellinie.

ICH HABE ES GESCHAFFT!

43

So ist der Marathon zu schaffen

Mit dem Marathonlauf ist es nichts anders als bei jeder anderen abenteuerlichen Herausforderung – man muss gut und ausreichend darauf vorbereitet sein, um das Abenteuer wirklich genießen zu können.

Schließlich führt solch ein Vorhaben bis an die Grenzen der persönlichen Leistungsfähigkeit und bisweilen auch ein Stück darüber hinaus.

Häufig bereits während der Vorbereitungsphase, spätestens jedoch bei der Umsetzung in die Tat, wird jeder, der sich als Ziel die läuferische Bewältigung der 42,195 Kilometer gesetzt hat, dieses Erreichen der persönlichen Grenzen erleben, einerseits in körperlicher, aber genauso auch in mentaler Hinsicht.

Umso wichtiger ist es, genau zu wissen, worauf man sich eingelassen hat und sich an die wichtigsten Regeln hierbei zu halten – denn sonst kann, inmitten einer unserer zivilisierten und hoch technisierten Großstädte, dieses Abenteuer zu einem waghalsigen Unterfangen werden.

Der Sinn dieses Buches ist, Spaß zu vermitteln und Appetit auf das Laufen zu machen. Um sich diesen Spaß möglichst lange bewahren zu können, haben wir an das Ende dieses Buches einige nützliche Tipps, Erfahrungen und Hinweise rund um das Laufen platziert.

Diese beachtet sollte dabei hilfreich sein, sich dem Abenteuer Marathon gut vorbereitet stellen zu können, es erfolgreich und unbeschadet zu überstehen und, trotz aller Mühe und Anstrengung, auch ein wenig genießen zu können und Spaß dabei zu haben.

Unterstützt hat uns hierbei Einer, der die Geheimnisse um die erfolgreiche Bewältigung der Marathon-Distanz kennt wie kein Zweiter – der langjährige Marathon-Bundestrainer Winfried Aufenanger.

In der weltweiten Laufszene ist er seit vielen Jahren ein fester Begriff. Früher mit großem Erfolg beim Aufbau und Training der deutschen Marathon-Nationalmannschaft tätig, hat er mit seinen Tipps und Ratschlägen viele Top-Atlethen auf dem Weg zu Ihren persönlichen Spitzenleistungen begleitet.

Aber auch zahlreiche Freizeitsportlerinnen und -sportler konnten bereits von seiner langjährigen Erfahrung und seinem Wissen rund um den Laufsport profitiert.

Exklusiv für unsere Leserinnen und Leser, insbesondere für all die, welche sich zum ersten Mal daran wagen wollen, das Abenteuer Marathon zu erleben, hat Winfried Aufenanger Tipps und Trainingsempfehlungen für das Marathon-Vorhaben zusammen gestellt.

Sicherlich, aufgrund der unterschiedlichen Voraussetzungen und Bedingungen ist es fast nicht möglich, ein allgemein gültiges Programm anzubieten.

Dennoch gibt es im Training und der Vorbereitung einige grundsätzliche Dinge zu beachten, welche dann als Leitlinie in jeden eigenen und individuellen Vorbereitungsplan eingebaut werden können.

Die nachfolgenden Empfehlungen sollen nicht dazu dienen, persönliche Bestzeiten zu erlaufen. Sie sollen vielmehr speziell den Anfängern eine Richtschnur sein, wie das Abenteuer gewagt werden kann – Ankommen ist das Ziel.

Genauso unterschiedlich wie die Voraussetzungen sind auch die Ziele, mit denen Läuferinnen und Läufer sich an die Marathondistanz heranwagen.

Die Einen möchten es einfach einmal schaffen, diese legendäre Streckenlänge zu bewältigen.

Andere haben ehrgeizigere Ziele, möchten eine bestimmte Zeit einhalten oder eine neue persönliche Bestzeit erlaufen.

Was erreicht man mit einem speziell auf das Marathon-Vorhaben abgestellten Training?

- Zunächst einmal wird allmählich die Belastungsverträglichkeit auf das später erforderliche Maß erhöht.

- Als Weiteres erfolgt die Anpassung des Herz- und Kreislaufsystems am die verstärkten Anforderungen.

- Und schließlich lernt auch noch der gesamte Stützapparat, also Bänder, Sehnen, Muskeln und Gelenke mit den zunehmenden Belastungen umzugehen.

Auch wenn die vorliegende Empfehlung sich auf Lauftraining beschränkt sollte die Bedeutung der semi-spezifischen Trainingsarbeit keinesfalls unterschätzt werden.

Sportarten wie beispielsweise Radfahren, Inline-Skating, Schwimmen oder auch Aquajogging können ihren Teil zu einem erfolgreichen Gelingen des Vorhabens beitragen.

Tipps im Vorbereitungs-Training

- Selbstverständlich ist das gesundheitliche Durch-checken. Um sich auf einen Marathon vorzubereiten müssen Sie kerngesund sein. Holen Sie sich das grüne Licht von Ihrem Arzt.
- Nehmen Sie sich Zeit für das Training! Legen Sie die Einheiten so, dass sie nicht einen zusätzlichen Stress zu der alltäglichen Hektik darstellen.
- Fangen Sie nicht überstürzt an. Sie haben ausreichend Zeit für die Vorbereitung. Der Körper muss sich erst an die gesteigerte Beanspruchung gewöhnen.
- Athletik-Training und Stretching beugen muskulären Problemen vor. Gesundheitliche Probleme in der Vorbereitungsphase dürfen nicht ignoriert werden.
- Auch Trinken will geübt sein. Probieren Sie aus, was Ihrem Magen gut bekommt. Üben Sie, im Laufen zu Trinken. Einen Stuhl an der Trainingsstrecke aufgestellt, einen Becher darauf und schon kann es losgehen.
- Auf Tempowechsel im Training achten. Intensität und Trainingstempo müssen variieren, um den gewünschten Erfolg zu bringen.

  Lange, langsame Läufe von zwei Stunden und länger (kurze Gehpausen sind nicht unbedingt schädlich) sollten die Basis Ihres Marathon-Trainings sein.

  Im fortgeschrittenen Stadium des Trainings kommen als wichtiges Element regelmäßige Tempoeinheiten hinzu. (Zum Beispiel 6 bis 8 Mal 1.000 Meter mit jeweils 3 bis 4 Minuten Trabpause dazwischen, oder 6 mal 5 Minuten Tempo oder auch 4 mal 10 Minuten, jeweils mit Trabpausen.)

Die Intensität der Tempoeinheiten orientiert sich an der geplanten Marathon-Endzeit. Natürlich müssen die verschiedenen Trainingsmittel in der passenden Relation zueinander angewandt werden.

- Auf und Nieder - die Vorteile des Berglaufens nutzen. Steigungsstücke finden sich überall, auch im Flachland. Genießen Sie die landschaftlichen Reize Ihrer Umgebung und nutzen Sie dies gleichzeitig zum optimierten Training.

- Das intensive Marathon-Training zieht einen größeren Kalorienverbrauch nach sich. Achten Sie daher auf eine entsprechend erhöhte Energiezufuhr (Kohlehydrate).

- Wer hart arbeitet, der braucht Erholungsphasen, auch Ihr Körper. Im Vorbereitungstraining immer wieder an die Regeneration denken. Eine Ruhetag kann Gold wert sein. Speziell in der letzten Woche vor dem Marathon unbedingt die Belastung aus dem Training nehmen. Sie können jetzt nicht mehr zu wenig machen, nur noch zu viel.

- TIPP! Nach einem anstrengenden Training als Belohnung ein heißes Wannenbad, angereichert mit einer Tasse normalen Kochsalzes. Hier können Sie sich 15 Minuten bestens entspannen und Ihrer Muskulatur Gutes tun.

Am Tag vor dem Wettkampf

- Schlafen Sie zunächst einmal so lange wie möglich aus. Am nächsten Tag wird das mit dem entspannten Schlafen sowieso nicht mehr klappen
- Bereits heute sollten Sie so viel wie möglich Trinken.
- Bei Lust und Laune ein Lockerungsläufchen, aber höchstens 25 Minuten, etwas Stretching vielleicht.
- Und ansonsten: Ausruhen, Beine schonen, keine anstrengenden Gewaltmärsche auf der Marathonmesse.
- Stimmen Sie sich positiv auf den nächsten Tag ein.
- Ersparen Sie sich unnötigen Stress am Tag des Wettkampfes. Machen Sie, soweit möglich, schon am Vortag die Kleidung für den Wettkampf zurecht und legen Sie alles Nötige bereit. Schuhe, Strümpfe und Kleidung sollten nicht neu sein, nicht scheuern und zu Blasen führen.

Vor dem Startschuss

- Spätestens 4 Stunden vor dem Start muss der Wecker klingeln.
- Ein leichtes Frühstück sollte sein, zum Beispiel ein bis zwei Scheiben Weißbrot mit Honig oder Marmelade. Oder auch eine Banane. Dazu Tee trinken. Das Ganze allerdings nicht später als 3 Stunden vor dem Startschuss.
- Auch heute morgen weiter regelmäßig Trinken.
- Die Kleidung sollte dem Wetter des betreffenden Tages angepasst sein. Gegebenenfalls noch einmal überprüfen.
- Achselhöhlen, Brustwarzen und Oberschenkelinnenseiten mit Olivenöl, Vaseline oder Ähnlichem einreiben (vorher auf Verträglichkeit ausprobieren).
- Gehen Sie rechtzeitig auf Toilette. Die wenigen aufgestellten Toilettenhäuschen im Startbereich sind im Allgemeinen hoffnungslos ‚überfüllt'. Nehmen Sie sich Toilettenpapier mit. Das macht Sie in der Wahl des ‚Örtchens' flexibler.
- Halten Sie sich warm. Gerade im Frühen Frühjahr oder Herbst kann es vor dem Start am Morgen empfindlich kühl sein. Ein altes T-Shirt übergestreift und später dann weggeworfen hilft Ihnen, die Betriebstemperatur richtig zu erhalten.
- Nicht zuviel Einlaufen! Lieber mit Dehn- und Lockerungsübungen Aufwärmen. Bei manchen Veranstaltungen wird dies sogar im Vorprogramm angeboten. Nutzen Sie dieses Angebot.
- Auch in den letzten Minuten vor dem Start nutzt es, noch zu trinken. (Insider-Tipp: 8 Minuten vor dem Start noch eine kleine Kohlehydrat-Zuführung)

Während des Laufes

- Bewahren Sie unbedingt in der Anfangsphase des Laufes die Ruhe. Lassen Sie sich nicht von den Anderen dazu verleiten, euphorisch los zu stürmen. Laufen Sie höchstens in der angestrebten Durchschnittsgeschwindigkeit los.

- Im Kopf sollte der Marathon in 3 Phasen programmiert und realisiert werden:

  Phase 1: Aufwärm- und Gewöhnungsphase bis cirka Kilometer 15

  Phase 2: Kilometer 15 bis Kilometer 35 - Kontinuitätsphase - konsequent die Zielgeschwindigkeit laufen

  Phase 3: Intensivphase - Das Lauferlebnis intensiv genießen und das Lauftempo, an der angestrebten Endzeit orientiert, auf gutem Niveau halten.

- Jede Verpflegungsstelle ist zu nutzen. Alle 5 Kilometer schluckweise 150-200ml zu sich nehmen. Nach ungefähr einer Stunde Laufzeit können mit den Elektrolytgetränken zunehmend Kohlehydrate zugeführt werden.

- Halten Sie den Körper feucht. Nur ein schwitzender Körper kühlt den Motor. Schwammnässe ist ein gutes Mittel gegen Dehydration und zu hohe Körpertemperaturen.

- Ein Krampf muss nicht gleich das Aus bedeuten. Häufig kann es nach einer kurzen Pause und Massage weitergehen

- Ersparen Sie sich und den Anderen einen wilden Zielspurt. Es wäre schade, sich nun noch zu verletzen. Genießen Sie lieber Ihren Zieleinlauf.

Zu guter Letzt ein guter Rat

Trainiere ernsthaft, aber nicht übertrieben. Wir sind schließlich keine Profis. Auch mit vier Trainingseinheiten in der Woche und 40 bis 60 Trainingskilometern lässt die Marathondistanz sich bewältigen. Hauptsache, du läufst nicht zu schnell.

Wenn es dir beim Lauf irgendwann schlecht geht, denk daran: Du hast genügend Kraft und Energie, Dich an einen Marathon zu wagen. Zwischendurch einmal müde zu sein, ist völlig normal. Denke nicht mehr daran und laufe einfach weiter.

Wenn die Beine gar zu schwer werden, dann gehe ein Stück oder, besser noch, laufe ganz langsam weiter. Die Hauptsache ist, nicht stehen zu bleiben.

Egal, in welchem Tempo du vorankommst, jeder Schritt bringt dich dem Ziel näher.

Suche unterwegs immer wieder nach Ablenkung. Versuche die Eindrücke vom Streckenrand mitzunehmen und genieße das Erlebnis. Du hast lange genug dafür gearbeitet.

Wenn es dir wirklich schlecht geht, dann besitze den Mut, aufzuhören. Kein Lauf dieser Welt ist es wert, dass du dich ernsthaft dabei schädigst. Es wird noch genügend Gelegenheiten für dich geben, das Abenteuer Marathon zu erleben. Beim nächsten Mal wird es sicher wieder besser gehen.

Und zu guter Letzt :

- **Bewahre dir immer die Freude am Laufen.** -